智元微库
OPEN MIND

成 长 也 是 一 种 美 好

心纯见真

曹岫云 著

人民邮电出版社

北京

图书在版编目（CIP）数据

心纯见真 / 曹岫云著. -- 北京 ：人民邮电出版社，
2025. -- ISBN 978-7-115-67349-7

Ⅰ．F279.313.3

中国国家版本馆 CIP 数据核字第 2025WW8225 号

◆　　　著　曹岫云

　　责任编辑　王铎霖

　　责任印制　周昇亮

◆人民邮电出版社出版发行　　　北京市丰台区成寿寺路 11 号

邮编 100164　　电子邮件 315@ptpress.com.cn

网址 https://www.ptpress.com.cn

涿州市京南印刷厂印刷

◆开本：880×1230　1/32

印张：7.375　　　　　　　　　2025 年 6 月第 1 版

字数：150 千字　　　　　　　2025 年 7 月河北第 3 次印刷

定　价：59.00 元

读者服务热线：（010）67630125　印装质量热线：（010）81055316

反盗版热线：（010）81055315

心纯见真

我与曹岫云老师相识不过短短八个月，我 68 岁，他 78 岁。但我们俩一见如故。初次见面，我就被他身上的那股激情所打动。我们彼此都有相见恨晚的感觉。这或许是命运安排的奇妙缘分吧。

在结识曹老师之前，我就认真拜读过不少他翻译的稻盛和夫的著作。我也仔细阅读了曹老师所著的《百术不如一诚》《稻盛哲学与阳明心学》。但《心纯见真》这本书，更让我印象深刻。

这本书将一个真实、立体的稻盛和夫带到读者面前，披露了许多鲜为人知的故事，其中许多细节意味深长。这本书为我们进一步了解稻盛、理解稻盛、学习稻盛，提供了非常有价值的素材。

稻盛和夫说："纯粹的心灵可以看见真相，充满利己的心目中，只能看到复杂的现象。"曹老师把这句话浓缩成四个字"心纯见真"。这非常好。

稻盛和夫心纯见真，在与某些大学教授争论历史问题时，他说："我认为，日本侵略了他国，践踏了别国的领土。既然这是历史事实，就应该道歉谢罪，这是作为人应有的普遍的正义感……是理所当然的规范，是不可动摇的原理原则。"作为日本著名的大企业家，稻盛态度如此鲜明，是需要勇气的，是难能可贵的。

曹老师花费 20 多年的心血，为传播稻盛哲学奔走呼号，不遗余力。我想，这大概也是因为他心纯见真吧——他看见了稻盛哲学对于企业乃至对于整个人类社会的巨大价值。

稻盛先生的商业成就令人惊叹，他先后将京瓷和 KDDI 两家企业带入世界 500 强，在 80 岁的高龄还带领日航起死回生。但最让人感动的，是他毫无保留地将自己做企业的经验和体会传递给年轻一代企业家。他开办盛和塾，为成千上万的企业家布道，尤其是在日本泡沫经济破灭后，他用自己创业维艰的经历，教育和鼓励年轻企业家勇敢面对困难，克服困难。

稻盛先生是中国人民的好朋友，是中国企业家心目中的楷模和敬爱的师长。他多次接受中央电视台采访，参与对话节目，还在中共中央党校、清华大学和北京大学演讲，与曹老师合办机构，推动盛和塾在中国的发展。亲自聆听过他讲课的中国企业家不计其数。

做企业有哲学吗？稻盛先生的哲学是什么？稻盛先生的哲学是怎样产生的？对当下我国企业家有何意义？这一连串的问题，在曹老师的这本书中都有答案。

稻盛的哲学来自稻盛一生的思考、学习和反思。稻盛集科学家、企业家、哲学家于一身，但我认为，稻盛首先是位哲学家，哲学是他人生和事业成功的底座。

稻盛哲学是敬天爱人的哲学。敬天爱人是稻盛的企业信条。稻盛认为，所谓"敬天"，就是敬奉天理，按天理良知办事，也就是把"作为人，何谓正确"当作判断一切事物的基准。所谓"爱人"，就是在追求全体员工物质和精神两方面幸福的同时，为人类社会的进步发展做出贡献。

稻盛先生又把他的哲学称为利他哲学。他说："还是利他最厉害，最有力量。从善意出发，为对方着想，让对方高兴，结果就会带来成功。这是这个世界上客观存在的真理。利他不仅能获得他人的帮助，而且能获得宇宙间一种伟大力量的帮助，这种力量远远超过自己的能力和才智。"

　　或许有人不认同稻盛是哲学家，因为看起来他好像没有哲学家那种抽象的理论思维。然而，稻盛哲学的三句话，即"敬天爱人""利他""作为人，何谓正确"，说来似乎很简单，但实际上一点也不简单。如果我们认同并实践这三句话，如果做事之前，我们都能扪心自问"作为人，何谓正确"，那么，社会上还会有那些光怪陆离的事情吗？

　　稻盛用朴实无华的语言，诠释了最深奥的哲理。他因此做成了两家世界 500 强企业，还在短时间内拯救了曾是世界 500 强企业的日本航空公司，这难道不是世间最好的哲学实践吗？

　　稻盛先生曾说，他的哲学来自中国优秀的传统文化。他对《了凡四训》情有独钟，这本简单的小册子竟然是他一生中的至爱，或许他没有系统地学过四书五经，但他深谙东方人做人做事的原则。我的理解是，稻盛哲学源于中国，产生于日本，又发展在中国。

　　《心纯见真》这本书的可贵之处，还在于曹老师并没有把稻盛写成完人，稻盛也犯过偏听偏信的错误，他有时也会朝令夕改。另外，稻盛在投资决策上也有过失误。曹老师说，稻盛是人而不是神，没有必要把一个成功者描述为常胜不败的将军，因为这既不真实也不符合常理。

曹老师不光多年在稻盛身边耳濡目染，他还有给稻盛写信的习惯。信中既有工作上的汇报，也有人生的倾诉，甚至还有劝谏稻盛戒烟、适当运动的趣事。书中有一个画面：稻盛离世前两个月，还在家中认真专注地听取他的助手念曹老师给他写的信。

稻盛先生把曹老师称为"中国贤人"，我觉得这是恰如其分的。曹老师多次说，他自己是"写得比说得好，说得比做得好"。曹老师年轻时遭受过磨难，但在逆境中他如饥似渴地读书，这为他之后的写作打下了扎实的基础。

2001 年，他第一次遇见稻盛，就被稻盛哲学的魅力深深吸引，之后就一直追随稻盛。经他翻译的稻盛著作发行量居然超过了 1500 万册，他所创办的中国盛和塾的企业家学员多达三万余人。

曹老师有时当着稻盛的面据理力争，还对稻盛曾欣赏和信任的某干部提出过尖锐的批评。我想，稻盛这样的人物，一时也会感觉不快吧。但事后，稻盛经过反思，采纳了曹老师的意见。

为什么曹老师会这样做？因为曹老师是按照稻盛的要求，做真实的人，讲真实的话。正是曹老师身上这种中国知识分子的率真，得到了稻盛的赏识，并称他"中国贤人"。我想，这也是对心纯见真的一个重要注解吧。

稻盛曾说过，曹先生是最理解他的思想的人。我也说，我和曹老师认识的时间虽不长，但凭我的了解和直觉，曹老师是那种谦逊、善良、真诚、勤奋的"中国贤人"。

心纯见真，我在无锡曹老师的书房里见到了这幅字，就是在那个书房，曹老师和我聊了三个多小时，聊人生、聊读书、聊稻盛，他那种热忱和敏捷，让人完全看不出他是位78岁的老人，倒像个充满活力和激情的年轻人。

曹老师创办的几家企业虽然规模不是很大，但许多企业家，甚至大企业家都热情称呼他为曹老师。他的译作、著作深受广大读者的喜欢。曹老师这本新作《心纯见真》篇幅不长，但哲理和真情跃然纸上。我认为，这本书会帮助我们走出迷茫，净化心灵，成为更好的自己。这本书也一定会得到广大读者的喜爱。

最后，祝愿曹老师这本书发行顺利，也祝曹老师身体健康！

中国上市公司协会会长　宋志平

2024 年 11 月 28 日

人生决定于在命运中与什么人相遇

人生决定于在命运中与什么人相遇。与稻盛和夫相遇，改变了我之后的人生。

稻盛和夫说："纯粹的心灵可以看见真相。"我将其凝缩为四个字：心纯见真。这里的"真"，就是隐匿于复杂现象背后、驱动现象的简单本质。

比如，经营的本质是什么呢？稻盛说，许多日本的大型电器厂家往往根据行业的常识和经验决定利润率目标，所以它们的利润率通常在 5% 左右徘徊。但稻盛的企业在同一时期，利润率却在 20% 以上，巅峰时接近 40%。因为稻盛洞察并践行了"销售最大化、费用最小化、时间最短化"这一经营的本质。

在探寻成功的真谛时，稻盛揭示了成功的本质公式：

$$成功 = 思维方式 \times 努力 \times 能力^{①}$$
$$(-100 \sim +100)(0 \sim +100)(0 \sim +100)$$

他指出，只要提升这三要素的分值，成功就能持续不断。

稻盛一生中，面对形形色色、大小各异的问题，几乎都做出了正确的判断。因为他领悟了正确判断背后的本质——"作为人，何谓正确"的判断基准。

"心纯见真"这四个字，我十分喜欢。在与稻盛和夫交往的 21 年里，每段经历，每件事情，无一不印证了心纯可以见真。

回想 23 年前，55 岁的我初次与稻盛和夫相遇，那种一见如故、相见恨晚的感觉，至今历历在目。从那时起，我便开始将主要精力投入学习、实践和传播稻盛哲学之中。

原因有四点。其一，初次相识时，稻盛和夫对我发言的点评直击要害。他强调经营者的真诚、谦虚、正义感、信赖感等人格要素。而我把结论放到了实事求是这一科学的层面。这一差别蕴含着深刻的意义。

---

① 又称"人生·工作结果方程式"，也写作"人生·工作结果 = 思维方式 × 努力 × 能力"。——编者注

稻盛喜欢我的文章。在日本《盛和塾》杂志上发表过两篇论文的塾生屈指可数，而我的文章被刊登了九篇。

2005 年，我尚未加入盛和塾，稻盛却亲自聘任我当日本盛和塾的顾问。

2009 年，稻盛主动提议同我合办公司，并应我的要求，同意用"稻盛和夫"为公司冠名。

稻盛和夫视我为知己，他对我的赞赏、信任、器重和体谅，成为我不断前行的强大动力。

稻盛和夫"心纯见真"，他洞悉了我发自内心的真诚。

其二，我智商不高，对技术的领悟能力极差，动手能力属于低能。我虽与别人合作创立了几家公司，且效益尚可，但创业不久，我便将公司的经营管理托付给了比我更有能力的干部。其中不乏佼佼者，把公司经营得有声有色。

其三，虽然我是一个不合格的经营者，但在用文字表达思想这一点上，特别是对于我感兴趣、能理解且深受感动的事物，我有一点自信。

其四，学习、实践、传播稻盛哲学的过程，也是我与稻盛和夫频繁互动的过程。在他的直接指导下工作，我得以近距离观察他的言行举止，感受他的人格魅力。

稻盛和夫以科学家的身份起步，凭企业家的身份声名远扬，但其本质是一位哲学家，一位执着追求正确思考和正确行动的哲学家。在人生、工作和经营中，但凡碰到触动他的事情，他都会深入思考其背后的意义，并从正面加以提炼，这便是稻盛哲学的由来。

我有幸常常向他当面请教，而他回答问题，总是不假思索，脱口而出，而且立刻触及事物的本质。这就让我深切感觉到，世间该思考的问题，他几乎都已深思熟虑，了然于心。

我一贯反对将稻盛和夫神化，他本人也坚决反对别人神化他。在现实生活和工作中，他也和普通人一样，会犯错。但他的不凡之处在于，他善于而且乐于自我反省。只要他人的意见正确，话说到了他的心坎里，他不但虚心接受，还会由衷地表达感谢。

向稻盛和夫学习，我也努力践行"心纯见真"。我看清了稻盛作为利他哲学家的本质特点。但我认为，我们无须崇拜他，盲从他，更不必刻意拔高他。

在本书中，我记录了与稻盛和夫交往中的 26 个真实的故事。其中包含许多鲜为人知的情节。书中也谈及我与他以及他身边人的争论。

稻盛先生夸我是他的"高徒"，作为与他思想交流最为深入的塾生之一，出版这本书是我义不容辞的责任。

相信您读完这 26 个故事后，稻盛和夫在您心中的形象将更加真实，更加亲切，更加丰满。

如今科技飞速发展，令人目不暇接。但科技再进步也难以到达人的心灵深处。唯有不断净化心灵，做到心纯见真，我们的人生乃至整个世界，才有可能发生根本性的转变。

我将自己的人生划分成"稻盛前"和"稻盛后"两个阶段。在我们盛和塾中，有这种感觉的人越来越多，我衷心希望您也能成为其中一员，相信您的人生也会因此变得幸福美满。

曹岫云

2024 年

/目录/ Contents

1　命运的神奇安排　　　　　　　　　001

2　赞赏的力量　　　　　　　　　　　011

3　人生是什么？人生观冲击　　　　　015

4　实事求是和以德治国　　　　　　　021

5　稻盛聘我当日本盛和塾顾问　　　　027

6　我的反省　　　　　　　　　　　　033

7　中国首家盛和塾诞生　　　　　　　041

8　中央电视台采访稻盛七次　　　　　053

9　清华北大讲演的波折　　　　　　　061

10　稻盛与我办公司　　　　　　　　　069

11　日航重建的第四条大义　　　　　　079

12　感动的魔力　　　　　　　　　　　085

13　守成难　　　　　　　　　　　　　093

14　先理后情　　　　　　　　　　　　099

15　劝塾长戒烟　　　　　　　　　　　107

16　哲学三问　　　　　　　　　　　115

17　我论稻盛和稻盛评我　　　　　　129

18　稻盛与我辩论　　　　　　　　　145

19　好事多磨　　　　　　　　　　　157

20　勃然大怒　　　　　　　　　　　167

21　苦修苦行　　　　　　　　　　　173

22　解散盛和塾　　　　　　　　　　181

23　诀别　　　　　　　　　　　　　193

24　独特的生死观　　　　　　　　　197

25　最后的信　　　　　　　　　　　207

26　我悼稻盛　　　　　　　　　　　213

后记　　　　　　　　　　　　　　217

1

命运的神奇安排

2001 年 10 月 28 日这一天，是我的命运开始转折的一天。多年后，当我知道了那天晚上稻盛流泪的事，更让我不能不相信命运的神奇。

当时，由中华人民共和国国家经济贸易委员会主办的"第一届中日企业经营哲学国际研讨会"在天津举行。江苏省企业家协会的负责人动员我参会，并希望我能在大会上发表论文。此前，我们都在东京的"日本生产性本部"研修过两次，在江苏携手开展企业咨询活动，我还多次向他主办的《江苏企业管理》杂志投稿，彼此十分熟悉。自 1992 年起，我从政府机关下海创业，虽说还算成功，可创办的都是中小企业，排不上队，挂不上号，小打小闹。但是，他知道我懂日语，会写文章，企业效益不错，便鼓励我去大会上发言。那时，我还不知道有稻盛和夫这个人，更不清楚稻盛哲学是什么。但要代表江苏省到国际会议上发言，那个压力是挺大的。我花了整整一个月的时间构思、打磨发言稿。

我发言的题目是"百术不如一诚"。如今回顾，这个题目就比较抢眼。在我发言后第二天，日本盛和塾事务局局长告诉我，听了我的发言后，稻盛塾长说了，他此生最后一本书的书名，就定为《百术不如一诚》。这话让我格外激动。我想这大概就是所谓缘分吧，尽管稻盛可能忘了他自己说过的这句话。

我发言之前，中国台湾地区某著名投资基金会的负责人、中国大陆地区某大型国有企业的领导者先后发言，他们的发言虽好，但他们当时使用的语言体系，让日本人听不太明白，且与经营哲学似乎也没有直接关系。而我讲的是在自己民营企业和合资企业中真实发生的故事，我用了四个小标题：成事在合作、合作在信任、信任在诚意、诚意在原则。这里的原则，指的就是实事求是。

我讲完后，稻盛塾长当即讲评：

　　诚实地做正确的事，信任感自然产生。你经营的企业都是中小企业，你说得很谦虚，但内容和我平时倡导的几乎一致。要重视原理原则，那么，原理原则中，最核心的部分是什么呢？正如你所说，是诚实、正义与信赖感。你提到不能以个人利益为中心，不能沦为金钱的奴隶。你讲述如何信任部下，将经营委托给他们，以及如何赢得部下的信任，你讲得非常细致。企业经营并非单纯追求利润，信任他人，委托他人，起用比自己更优秀的人来经营企业，你认为这很重要。你这么说，就触及了经营的真谛。

稻盛讲评结束，正好是上午的休息时间，我与稻盛塾长合影留念，参会的日本盛和塾塾生们也与我合影，中方主持人竖起拇指夸我。日本盛和塾事务局局长表示，总算遇到了懂日语的中国经营者，有我参与，今后的交流将更加便捷。

第二天的压轴讲演者自然是稻盛和夫。他讲演的题目是"经营为什么需要哲学"。稻盛的讲话别具一格，他分析第二次世界大战后日本经济的波澜起伏，视角独特。从日本经济起飞，高速发展，到经济发展过程中出现的公害问题，空气和河海的污染，再到后来大肆炒作房地产、炒作股票的泡沫经济，以及财界、政界、官界接连爆发的腐败丑闻，稻盛用"物质的富裕和精神的贫困"来揭示经济现象背后的人心的问题，在分析日本经济的起落时，加入了利己利他的元素，这就入木三分，这是其他经营者乃至经济学家难以企及的。

接着，稻盛谈到了根本：

> 我的经营哲学，简单讲，就是以"作为人，何谓正确"这一判断基准为原点，无论处于何种状况，都不失追求正义和公正的姿态，把勇气、努力、谦虚、关爱等作为最重要的价值观予以尊重。

判断一切事物居然有如此简单的基准，而这正是稻盛取得巨大成功的秘诀。这个结论让我惊诧万分，有茅塞顿开之感。此后的岁月里，"作为人，何谓正确"这一判断基准，逐渐成了我人生的信条。

一个多月后，我就赶赴日本京都，拜访了京瓷公司和盛和塾总部，购买了稻盛的全部著作，还订购了自创刊到当时出版的所有 44 期《盛和塾》杂志。

我和稻盛结缘始于 2001 年 10 月 28 日。然而，35 天后的 2001 年 12 月 3 日，稻盛在日本关西盛和塾例会上论述"情和理"时，讲了一件事，标题是："中国籍干部①的泪"。15 年后，当我读到稻盛这篇讲演时，在感动之余，不禁对命运的神奇惊叹不已。

不早不晚，就在我与稻盛相识的当天晚上，稻盛大动感情，与一位中国籍干部"相对而泣"。想象那个场景，我长叹一声。稻盛是这么讲述的。

　　为了在中国大规模开展事业，我提拔了一位中国人当干部。他身为中国人，中文自然很好，又在日本留学，

---

① 此处特指担任一定的领导工作或管理工作的人。——编者注

日语说得很流利。不仅如此，他还能熟练使用电脑，写出漂亮的日语论文和信件。另外，他还能讲英语、写英语，才能出众，反应敏锐。

然而，委托他做的事业却进展不顺。不久，他领导的在中国的下属对他有意见，还把多封匿名信寄到我这里。这让我感到意外而且吃惊，连忙展开调查。

他那么聪明，确实是个难得的优秀人才，但为什么在中国，他领导的工作却做不好呢？我非常信任他，器重他，他对京瓷也很了解。同时，在中国他当我的翻译，所以他也熟知京瓷哲学。另外，在我与中国的企业管理者谈话时，我的语言中随时都有哲学，其中的意思他应该充分理解。还有，作为京瓷的干部，他必须学习京瓷哲学，实际上他也应该是这么做的。

我问了他许多问题。他的回答出乎我的意料。他说："稻盛名誉会长倡导哲学，讲作为人，何谓正确，讲做人应该有的理想的状态，我认为，这是场面上需要的大道理，目的是凝聚人心。"他还说："要治人，要管住人，归根到底要靠权力。"

他还是一个研究中国历史的学者。他认为，翻开中国史，无处不是用智慧对智慧，策略对策略，斗智斗勇取天下……这是一个充满古老智慧策略和谋划的社会。

在这个过程中，稍有疏忽，就有人钻空子。自己一不小心，睡梦中就会让人取了首级。在这种传统文化影响下的商业环境中，自己作为京瓷的干部上任，必须滴水不漏，不可稍有疏忽，必须运用权力来治理企业。

"那你对我倡导的京瓷哲学是怎么看的呢？"我反问他。

"我认为京瓷哲学是场面话，是大道理，不讲这些理想的东西大家不会追随。但实际上，还是要靠权力治理。"

我不禁态度严厉起来，我这样教育他：

"京瓷哲学不是大道理，不是装样子，它就是治理企业的真髓，公司不是只靠权力就能治理的。"

稻盛接着说：

我在天津培训中心第一届中日企业经营哲学国际研讨会上做讲演，有几百人听，他也在场，但实际上，我内心只想讲给他一个人听。

因为爱才如渴，对他的期待非常迫切，又恨铁不成钢，我一边说教，一边禁不住流泪，他也边听边流泪。近70岁的我边哭边教，过40岁的他也是流泪倾听。

不久，这位中国籍干部给稻盛写了一封情真意切的信。信中写道：

前几天在天津，会长与我谈话。会长为我的事情那么操心，让我肝肠寸断，内心充满了歉疚。会长对我说："在天津大会上的讲演，实际上，我是想讲给你一个人听的。"会长这话犹如万钧雷霆，直击我的头顶，使我浑身震颤。

会长对我关心如此之切，期待如此之大，我却辜负了您的期待，做了对不起您的事，我羞愧难当。

个人英雄主义，权威主义的管治方法，都源于以自我为中心的思维方式。用利益刺激的办法，用威胁恐吓的方式，治理组织，解雇员工，制造敌人。自己不愿率先垂范，傲慢不逊。又觉得自己为公司如此辛苦，拿点好处无可厚非。思想上放松了对自己的要求，自我膨胀过度，摔跟头是理所当然的。

负面的思维方式让人如此堕落，这已经不必引证过去的、别人的例子，只要看我今天的教训就足够明白了。

我决定在自己心中树立起高目标，务必度过一个有意义的人生。然而，嘴上说着人生的崇高目的，却又抑制不了俗人的欲望，这种人决不可能有大作为，最终只能做一个单纯的商人。这些道理，这次我理解更深了，这是前所未有的。

这封信写得相当诚恳，也相当深刻。不过，从他和稻盛的对话和这封信中可以看出他内心深处的真思想。他认为，历史上很多管理者想的、做的无非是如何抓权、如何集权，如何掌握和维护自己的权力，如何最大限度地以权谋私。他们口头上讲大道理，为国为民等，不过是为了笼络人心，是为了达到他们的目的而使用的必要的手段。因为他持有这种历史观，所以第一，当自己拥有了某种权力以后，就会冒出"觉得自己为公司如此辛苦，拿点好处无可厚非"这种念头，在心里把自己的堕落行为正当化；第二，在他看来，稻盛哲学也不过是大道理，是场面话，说得好听点，是为了"凝聚人心"，让人"追随"，说得难听点，是为了笼络人心。他认为，治理企业，关键还得运用权力，就是"用利益刺激的办法，用威胁恐吓的方式"，他实际上也是这么干的。

我觉得，持有这种根深蒂固的历史观、价值观的人，不经脱胎换骨的改变，很难从心底理解和接受稻盛的思想哲学，哪怕他在稻盛身边，哪怕稻盛那么用心教育他，那么喻之以理，动之以情。

后来，具体原因不清楚，没过几年，他还是辞职了。

这位干部我也认识。在这里，我想说的是，稻盛格外青睐、着意培养的这位青年才俊，最后还是离开了稻盛。有言道："有意栽花花不发，无心插柳柳成荫。"而我结识稻盛，与稻盛为他流泪，这两件事竟然发生在同一天，而且在同一个地方——天津。您说，这是不是很神奇？

2

赞赏的力量

人对别人对自己的赞扬，有时还是很在乎的，尤其是重要人物在重要时点、重要事情上对自己恰当的肯定和赞赏，特别是在自己背后的表扬，印象会非常深刻，甚至终生不忘。哪怕表扬你的人和传递表扬信息的人自己早就忘了。

2001 年 10 月 28 日，我在天津发表的论文及稻盛的讲评，很快被全文刊登在日本《盛和塾》杂志第 46 期上。

2002 年 1 月，我在美国某大学与中国合办的工商管理硕士（MBA）无锡班上，做了有关成功方程式的讲演。之后，我将讲演内容翻译成日文，传真给了稻盛。当时，正好要在南京筹备第二届中日企业经营哲学国际研讨会，日本盛和塾的干部特地从日本赶来，我陪同他们从上海前往南京。其间，后来成为事务局局长的某君告诉我，稻盛先生对我的文章"绝赞"（原文为日语绝赞，特别称赞之意）。果然，不久，我的文稿又以"思维方式、能力、热情密切的相乘关系"为题，被全文刊登在《盛和塾》杂志第 47 期上。除塾长本人，在这个杂志上连续发表两篇文章的，我算是首例，何况我还是个外国人。

该文写道："在日本，没听说过'丰田塾''索尼塾'，却有个'盛和塾'，有弟子七千，且都是经营者，下面员工有近百万人。'盛和塾'还扩展到了美国、巴西、中国，由此可见稻盛先生之人格魅力，可见稻盛哲学之引人入胜。"

上述说法，稻盛自己不会讲，日本盛和塾的塾生一般也不会讲。一个外国人可以这么讲，我想，对我这种讲法，稻盛或许有新鲜感。但是，后来我才知道，稻盛对文章中下面一段话，饶有兴趣。

我认为可将"思维方式"分为两个侧面。

一个是人格的侧面。正面的比如公正、诚实、开朗、勇敢、谦虚、善良、克己、利他，等等；负面的比如不正、伪善、卑怯、傲慢、任性、浮躁、妒忌以及自我中心，等等。

另一个是科学的侧面，就是"认识论"，就是实践、认识、再实践、再认识之循环。由五官从外界收集各种必要的信息，用头脑加以分析，从复杂现象中导出事情的本质，据此制订计划，然后实行。在实行过程中继续收集信息，再分析，并对照计划，做必要修正，然后再实行这样一个循环，简单讲就叫"实事求是"。先是正确认识事物，然后是拿这种正确认识去改造事物，或创造新的、美好的事物。

人格的侧面和科学的侧面相辅相成。稻盛先生说：

"充满利己的心目中，只呈现复杂的现象，利己的动机，势必模糊问题的焦点。" 就是说利己主义者不可能坚持"实事求是"。因此一个人格高尚、心地纯洁的人，不受私心蒙蔽，就容易看清事实真相，把握事物规律，并勇于按事实、按规律办事。也就是说，只有人格高尚的人才能始终实事求是。反过来，只有坚持实事求是，才能保持或提升自己的人格。

对稻盛哲学中最重要的"思维方式"，做这样的表述，稻盛说："这很有新意。"

稻盛对我的文章"绝赞"，认为我的表述"很有新意"，这是一种很大的动力，进一步加强了我的自信。

3

人生是什么？
人生观冲击

第一届中日企业经营哲学国际研讨会在天津成功举办，半年多后的 2002 年 5 月 19 日—20 日，江苏南京积极举办了第二届研讨会。日方事前送来的稻盛的讲演稿，题目是《命运和立命》。我们提议这个题目改一改。稻盛先生就把题目改成了《人生的意义》。讲演一开头稻盛就说："今天我想以'人生的意义'为题，讲一讲我的人生观。"

如果说，稻盛在天津讲的主要是经营哲学，那么，在南京讲的主要就是人生哲学，稻盛称之为人生观。

在第一届中日企业经营哲学国际研讨会上的《经营为什么需要哲学》的讲演中，给予我冲击性影响的是：判断事物是有基准的，人生是有方程式的。

方程式如下。

$$人生·工作结果 = 思维方式 \times 努力 \times 能力$$
$$(-100 \sim +100)\,(0 \sim +100)\,(0 \sim +100)$$

前文中提到，围绕这个方程式我还专门撰写了论文，并且得到了稻盛的赞赏。

但我又想，方程式三要素——思维方式、努力、能力，都属于主观要素，而影响人生和工作结果的，是否还有客观的、环境的因素呢？或者说有没有命运的因素呢？诚然，能力要素包含智商、体质等，有先天性，即包含了命运的成分。但仅仅如此，好像还是低估了命运或环境对人生的影响。

另外，人生观也是我们经常谈到的话题，但至少在我的头脑里，这个人生观的概念是模糊的，只是说做人不要太自私之类的吧。

然而，稻盛阐述的人生观却与众不同。他说：人生是由命运法则和因果法则这两条法则交织而成的，命运我们难以掌控，但因果100%由自己决定，而且因果之手比命运之手略为强大，因而持续想好事、做好事，就能改变命运的走向。

在这之前，我不相信命运，更不相信因果。但是按照稻盛的分析，之所以不相信，是因为命运和因果这两条法则互相干扰。比如，某人想好事、做好事，却不见有好的结果。这是因为他此时不走运，不好的命运抵消了想好事、做好事的效应；但只要持续想好事、做好事、做大好事，他终将时来运转。相反，某人想坏事、做坏事，却不见有坏的结果。这是因为他此时命运旺盛，坏的效应被压住了。但如果他持续想坏事、做坏事、做了大坏事，他终将身败名裂。某人想好事、做好事，此时他恰好鸿运高照，二者叠加，他可能很快飞黄腾达；相反，某人想坏事、做坏事、做大坏事，此时他又正逢厄运，二者叠加，他可能立即灰飞烟灭。因为命运和因果互相作用，呈现复杂状况，人们就难免迷惑。而事情的本质是，命运不由我们主宰，但因果却完全掌握在我们自己手里。只要我们想好事、做好事，持之以恒且精益求精，那么，好的结果必然出现，有时候好的程度甚至会超出自己的预想。

具备这种人生观的人，具备这种信念并付诸行动、坚持不懈的人，原有的命运就束缚不了他。正如袁了凡先生所言："极善之人，数固拘他不定。"

这样的人生观闻所未闻。

科学家出身的稻盛，从中国文化的经典《了凡四训》中袁了凡的故事讲起，娓娓道来，理论逻辑加上切身体验，稻盛抽丝剥茧，讲得细致透彻，切中时弊，具备充分的说服力。当时，我的直觉是，这套理论不但言之有理，直击人心，而且操作性强。只要人们认同它，相信宇宙中客观存在的因果法则，并按此法则行事，贪官污吏就没有了，假冒伪劣就没有了，那该多好啊！

在这之前，我没有这种明确的人生观。我想，无论我如何努力学习和思考，如果没有听到稻盛的这种解读，仅靠我自己，根本不可能构建这样的人生观。

所以，我将这一节的标题定为"人生是什么？人生观冲击"。这次冲击不亚于在天津初次见到稻盛时的思想冲击。而这么清晰、这么卓越的人生观一旦建立并实行，就会在心中扎根，指导自己今后的人生。确立了明确而且正确的人生观，并为自己的亲身实践证明以后，人就不会轻易退步。我称之为："曾经沧海难为水。"

在这次大会上，我发表了论文《经营者的勇气》。其中讲了三件事。后来一想，这三件事同命运和因果法则存在着密切的内在联系。

因为这次大会没有设置"稻盛点评"的环节。到晚上恳亲会时，我拿了一本书请稻盛题字。稻盛夸我的发表是"本物"（意即真价实货）。我拿的书是稻盛原著《成功への情熱》（《走向成功的热情》，现名《斗魂：稻盛和夫的成功热情》）。稻盛见我在书的天头地脚处写了许多批注，就问我写的是什么。我说我读这本书，每一节都有感悟，不同时候读同一节，又有不同的感悟。稻盛听了非常高兴，马上招呼周围的日本塾生围过来，拿着我的书向大家展示："你们看，曹先生（日语为曹さん，也可译为小曹）是怎么读我的书的。曹先生说，他读每一节都有感悟，不同时候读同一节又有不同的感悟。"稻盛把我的话重复一遍以后，很高兴地、一笔一画地写下了"敬天爱人"四个字，并签上稻盛和夫的大名。

当时，在中国很难找到稻盛的书，在恳亲会上拿书请他签名的，也就我一个人。稻盛边夸我，边认认真真地题字，让我如愿以偿，很有成就感。

第二天，稻盛一行专程前往南京栖霞寺，寻访袁了凡的足迹。稻盛在南京的讲演中谈到，他的人生观的形成深受袁了凡的影响，而原名袁学海[①]的袁了凡，正是在栖霞寺接受云谷禅师的开示后，才恍然大悟的。拜访栖霞寺，也算了却了稻盛的一个夙愿。那个年代，还很少有人知道袁了凡的故事和《了凡四训》。《了凡四训》流行起来，是若干年后的事。稻盛吸收中华文化的精髓，给我们做出了榜样。

---

① 初名表，后改名黄，字庆远，又字坤仪、仪甫，初号学海，后改了凡，世称"了凡先生"。浙江嘉兴府嘉善县魏塘镇人，明代思想家。——编者注

4

实事求是和以德治国

2004 年 4 月 4 日，中国有关部门授予稻盛和夫"中日友好使者"称号。同年 4 月 6 日又邀请稻盛到中共中央党校（后文简称中央党校）讲演。稻盛回日本后，在日本共同社组织的记者招待会上，发表了题为"企业人所见中国之现状"的讲话。这篇讲话和《在中央党校的讲演要录》，同时刊登在日本《盛和塾》杂志第 59 期上。

后来，我又从京瓷的北京事务所要来了稻盛在中央党校讲演的完整的日文文稿。稻盛的这两次讲演让我深受触动，很快，我写了一篇读后感《我看实事求是》，并用传真发给稻盛。

当时，盛和塾总部四理事之一的稻田先生是我的好朋友，因为他在上海有一家很大的企业，他希望每个月都同我见面。这时他告诉我，稻盛塾长很喜欢我这篇文章，"最近一直放在包里带来带去，这是从来没有过的事"。稻田表示很吃惊。我听了格外高兴。果然，过了不久，这篇文章就被刊登在《盛和塾》杂志第 63 期的"心之研究"这一重要栏目里。

在"企业人所见中国之现状"的讲话中，稻盛高度评价中国改革开放所取得的成就。但对当时的一些问题及其背后的原因，表达了担忧。

在中央党校讲演时，稻盛引用苏洵的"夫国以一人兴，以一人亡"这句话，来强调领导者的极端重要性；在谈到领导者应有的资质时，他又引用了明代思想家吕新吾的话"深沉厚重是第一等资质"。他强调，执政者以及大企业的经营者"与行天地自然之道一样，决不可夹杂半点私心"。他引用孙文 1924 年在日本神户有关"弃霸道，行王道"的著名讲演，希望中国在成为经济大国和军事大国以后，不要像过去的日本一样，不要陷入自己一贯否定的霸权主义。他还运用孔子"君子坦荡荡，小人长戚戚"这句话，比喻有君子风度的国家，在强大以后，仍能睦邻友好，以谦虚态度与周边国家和平相处。

这次在华期间，通过同中国官员、学者、大型国企领导者的交流，稻盛对"实事求是"这四个字的来龙去脉，作了详细调研，并以"实事求是乃中国经济迅猛发展之秘诀"为题，作了有趣的说明。他说，"实事求是，在中国是金科玉律"，"实事求是乃中国之'国是'"。他举例说，广东某重要城市，聘请美国华人当副市长，这是实事求是。为了发展，某大型企业超过半数员工分流下岗，这也归结为实事求是。稻盛认为，这种大刀阔斧的举措，连资本主义的日本也很难做到。

当时，因各种问题，中日关系遭遇困难，民间的交流格外受到重视，而稻盛只是一个企业经营者，不担任任何公职，恰好赶上了这个节口。

所以我的读后感一开头就说：

当中日关系陷于僵局、"增信释疑"困难之际，2004年4月，有关部门特授予日本京瓷和日本第二电信电话公司（后文简称第二电电）名誉会长稻盛和夫先生"中日友好使者"之称谓，并邀请他到中央党校讲演。

我的读后感中最引起稻盛关注的，主要是下面几段话：

今天，在经济高速发展的同时，各种闻所未闻、光怪陆离的犯罪层出不穷，而且似难有效遏制，这是我们无法回避的现实。因此，在提倡和坚持实事求是、依法治国等理性和科学这一侧面的同时，在现在的中国，必须特别强调以德治国这一人格和道德的侧面，下大力气认真研究具体实施的举措。

从这个意义上讲，在通过光明大道到达卓越成功的实践中产生的稻盛哲学，价值珍贵，足供参考。

现今社会最缺乏的不是先进技术，不是法律条文，也不是其他东西，而是像稻盛哲学一样，正面、积极、深刻、质朴、利人、利世的高尚的价值观。

这才是从当今中国现状，亦即"实事"中，应该"求"得的最大的"是"……

只有人格高尚的人才能始终实事求是。反过来，只有坚持实事求是，才能保持或提升自己的人格。忽视人格、道德，单纯突出实事求是，结果是不能坚持真正的实事求是。这是一条沉痛的历史教训。

另一段写在结尾处：

有一说称，哲学是自然科学和社会科学的结晶。因其深刻，而超越国境，超越民族，超越时代，超越社会制度，更超越经营、经济、政治、教育、医学、体育等所有专业领域，所谓一通百通，与天地自然之摄理相合，乃宇宙之普遍真理。

我相信稻盛哲学不只限于企业经营，而且迟早将在更广阔的层面上，在世界范围内发挥历史性的伟大作用。

当时，在中国，知道稻盛和夫和稻盛哲学的人还非常之少，对此有所研究的人更少，所以稻盛看到这篇文章很高兴。它作为我的论文第三次刊登在《盛和塾》杂志上，放入"心之研究"专栏，这是破天荒的。

5

稻盛聘我当日本
盛和塾顾问

2005 年 1 月 17 日,我参加了在日本滋贺县大津市举办的塾长例会。来自中国的参会者就我一个人。稻盛在 1 月 17 日和 19 日两次会见了我。在 1 月 19 日见面时,稻盛居然任命我当日本盛和塾的顾问。我是一个中国人,连盛和塾的塾生都不是。直到现在,我还不知道用什么语言可以形容我当时吃惊的程度。

赴日参加这次活动,有两件事让我印象深刻。

第一件事是发生在当晚恳亲会上的一幕。因为有 500 多人参加,所以大厅就摆下 50 多桌。稻盛在讲台前面中间的一桌,面向大家。主持人提议让来自中国的我上台致辞。当我站到讲坛中央时,当时 72 岁的稻盛塾长立即转身 180 度,面朝讲坛,抬头,挺起胸膛,微笑着凝视我,倾听我的讲话。他这一有点夸张的动作、他那谦逊的笑容,一瞬间便定格在了我的脑海之中。

我说,不怕大家笑话,我年轻时,常为自己喜欢的女孩动心,不论是在现实的世界里,还是在电影或小说的世界里。但从来没有为哪位男子动过情,一个男子被另一个男子所吸引,难以想象吧!但是,在接触稻盛先生和稻盛哲学以后,在不知不觉中,就为其魅力所倾倒。这既不是被他的名声也不是被他的业绩，而是被他的人格和思想所折服，真是不可思议。但细细想来，其实这也不奇怪。45 年前，稻盛先生在27 岁创业时，宫木电机公司的专务西枝先生，比稻盛年长20多岁，为了帮助稻盛筹措流动资金，竟然用自家的房屋土地作担保，向银行贷款 1000 万日元。他对夫人说，如果稻盛的公司经营失败，我们就不得不流离失所。他夫人竟然答道："一个男子汉迷恋另一个男子汉，太难得了！即使失败也是遂愿啊！"就是说，45 年前，一个中年男子居然被当时不名一文的青年男子稻盛和夫所迷倒，可见稻盛先生身上有着一种怎样的魅力……

第二件事更是始料未及。1 月 19 日，稻盛在日本盛和塾总部特别会见了我。一开始，我先把我写的一篇短文《两只看不见的手》呈他一阅。

有机会受到稻盛的专门会见，我当然不会错过这样的机会，所以我把自己的得意之作呈上。稻盛看完后满意地说，我的文章完全符合他的思想。

不料，说完这句话，他就宣布这次会见我的目的，是聘请我当日本盛和塾的顾问。这是我做梦也没想到，而且根本不可能想到的事。稻盛既没有说明这是为什么，也没交代当顾问该做什么，让我丈二和尚摸不着头脑。稻盛说："请你当顾问就要支付顾问费。"我说："我是您的学生，学生没当好，怎有资格当顾问。同时，学费没付，怎么还领顾问费。"稻盛说："因为我要用你。我知道你是经营者，你不缺钱，就算是给你的零用钱吧，你不用推辞。"说罢，他哈哈大笑。

当时在场的日本盛和塾总部理事稻田先生后来分析说，一个是我懂日语，这是当时参与盛和塾活动的中国经营者中唯一的。另外，当时京瓷在中国的企业也有这样那样的问题，是不是可以请我去过问一下。但主要是因为稻盛塾长看重我。稻田对我说："塾长表示，他此生只要活着，就要与曹先生交往到底。"塾长说的这话，虽然后来成了事实，塾长成了我的终生之师。但当时的我，对于塾长的知遇之恩，实在无以言表，虽然我自诩在用文字表达思想感情方面颇有信心。

平时我居住在中国，这个日本盛和塾的顾问怎么当呢？后来，日本京瓷秘书室传来京瓷内部出版的《京瓷哲学》这本书的中、日文文稿，希望我帮助审核和修改中文译稿，后来又传来出版不久的《活法》的中文译稿让我审核。因为文笔风格不同，修改往往比自己翻译的效率还要低，而且修改太多，对译者也不够尊重。中方出版社就索性请我重新翻译了。这是后话。

不久，京瓷在中国的高层干部年度研修会请我去讲演两次。到京瓷公司去讲京瓷哲学，我自嘲是"班门弄斧"。因为身在中国的我，实在没有能力当日本盛和塾的顾问，一年后，顾问合同自然终止。

6

我的反省

我的三篇文章都受到稻盛的好评，并分别在日本《盛和塾》杂志第46、第47和第63期上发表，这给了我前所未有的自信。

因为稻盛是用他思想家的头脑总结他经营者的工作经验和人生经验，特别是他语言直白，深入浅出，穿透力强，具备感召人心的力量。阅读他的著作和讲稿，我禁不住感动，读到动心处，我常常拍案叫绝。这样日积月累，我内心就产生了把自己的感动写出来、与他人分享的冲动。我断断续续，花费了一年时间，写完了《稻盛和夫成功方程式》这本书。

但在这本书的出版过程中，出现了一个小小的插曲。当时出版社提出，介绍日本经营者思想的书籍，可以争取日方的支持。据说，以前在出版松下幸之助的著作时，就有过这种经验。于是出版社就给稻盛先生写了封信，列举了若干项推广这本书的方法及其需花的费用，看稻盛先生能不能予以考虑。稻盛召集盛和塾相关干部开会，当时因为我正在日本参加福冈塾长例会，有机会列席了会议。稻盛当着大家的面，认真看了那封信，决定答应出版社的请求，给予支援，但提出所花费用，不是一次性支付，而是实报实销，花一项报销一项。稻盛拍板同意，这让我和出版社都喜出望外。

可是，过了一个月，日本盛和塾一位干部出差到北京，请我和出版社有关干部碰头，宣布取消稻盛所做的承诺。出版社问取消的原因，那位干部说，这种朝令夕改的情况很正常，不需要做什么解释。出版社很失望，说稻盛答应支援并提出了支援的具体办法，我们已经向领导汇报过了，现在要取消又不讲理由，领导会以为我们不会办事呢。

我一时也很纳闷。特别是看日方那位干部一副满不在乎的样子。我就说，"朝令夕改"在中国不是一个褒义词。其实，取消也没关系，不管什么理由，你说一两条，他们回去可以向领导汇报。于是，那位干部就说："这是出版你曹先生的书，又不是出版稻盛的书，为什么我们要出这个钱呢？"我说："这个问题你应该去问稻盛本人。"他不太高兴地说："你曹先生不过是会写文章而已……"

我感觉受到了冒犯。他的言辞和口气很傲慢，也许他自己没意识到吧，在与中国人打交道时，他流露出一种居高临下的优越感，我接触的部分日本人也有这个毛病，很遗憾，作为京瓷的干部，他也没能免俗，尽管他常在稻盛身边。

后来，我逮着一个机会，在给他的信中说：

　　　无论你跟了稻盛多长时间，无论你与稻盛距离多近，也无论你对稻盛的话如何倒背如流（他也会讲课，讲起稻盛哲学来头头是道），但是，这同你是否践行稻盛哲学是两回事。在傲慢态度的背后没有任何哲学，这就是我对你的忠告。今后，在工作上，我们依旧需要你们的支持，但经济援助完全没有必要。不过，希望你们今后以更为平等、更为谦逊的态度同中国人打交道。如果不肯把潜意识中轻视中国人的东西丢弃，那么，无论何时何地，你们都无法与中国人真正友好交往。

因为我说得很不客气，在一段时间内，彼此的关系不免冷淡。后来，我听信一位日本盛和塾企业家的建议，把我对此事的意见写成信件，直接寄到了稻盛家里。

"疏不间亲"。这可能也引起了稻盛对我的不满。

后来我自己反省了。我觉得在这件事情上，我未免小肚鸡肠，心胸狭窄了。后来我想通了。我想，稻盛答应支援，本来就是预料之外的事，支援不支援是日方的事，答应支援然后取消，这也可以而且应该理解，他方对我方的信任，还需要积以时日，这种事不必计较，更不可耿耿于怀。传播稻盛哲学才是大事，不应该因小小的不愉快而受到干扰。传播稻盛哲学的过程应该也是我自己实践稻盛哲学的过程，这类

事情都可看作对我的考验。于是，我决定除自己写书的稿费
分文不取之外，再由我自己出一点钱，来支援出版社。

2006 年 6 月《稻盛和夫成功方程式》由中国大百科全书
出版社正式出版。当时，书的封面和腰封上都印有"经营之
圣 人生之师"八个字，可惜"圣"字是简体字，稻盛没看懂。
后面，我还要提到这八个字。

不久，稻盛亲自推荐此书说："正因为是透彻理解京瓷哲
学的非京瓷人所著，所以很值得参考。"稻盛访问中国时，还
亲自把此书扎上丝带，作为礼品赠送给来访的客人。

更令人意外的是，不久，稻盛又建议此书用日文在日本
出版，并亲自指定日本一家出版社。该出版社颇有活力，《活
法》就是该社出版的。该出版社说，您的书不能比稻盛的书
厚，于是，他们把我的书分为两本《稻盛和夫人生方程式》
和《稻盛和夫成功方程式》出版，首印便是 17 000 套。该
出版社还在日本四大报纸之一的《日本经济新闻》上刊登通
栏广告，该广告的二分之一篇幅是我的《稻盛和夫人生方程
式》，四分之一篇幅是稻盛的《活法》，另外四分之一篇幅是
稻盛推荐的英国哲学家詹姆斯·埃伦的《原因和结果法则》，
似乎是用后两本书来衬托我的书。一开始，我这两本书，在

日本最有名的纪伊国屋书店的显著位置平放着展示。《稻盛和夫人生方程式》出版一个星期后就加印 3000 册，第二个星期又加印 3000 册，第三个星期又加印 2000 册，一个时期内，排在该出版社畅销书排行榜之首。2010 年稻盛去日本航空（后文简称日航）后，该出版社又增印了这两本书的口袋版（文库本）各 10 000 册。拙作的日文版在日本意外畅销，让我有了名利双收的感觉。我想，原因是书名中用了"稻盛和夫"四个字，是沾了稻盛的光。

在后来的一次塾长例会上，会议一开始稻盛就说："今天我来得早了一点，进附近的书店看了一下，看到了中国曹先生写的书。曹先生说，'稻盛先生用普通的语言讲深刻的道理，让一般人都能理解高深的哲学，这是前无古人的'。"

这时，坐在我身边的一位日本塾生马上问我，书名是什么？我答了以后，他立刻从手机上订购了。

在日文版《稻盛和夫人生方程式》的序言中，我写道："我们知道，在数学、物理、化学等自然科学的领域内，有各种各样表达自然法则的方程式。但在人文科学领域，经得住推敲的、具备科学价值的方程式极为稀少。但是，现在越来越多的人开始意识到，人文科学的重要性并不亚于自然科学。

稻盛先生的成功方程式就是在人文科学领域内人类宝贵的精神财富。"

另外，书中下面两句话受到了稻盛和他的秘书长的赏识："稻盛先生是通过光明大道到达巨大成功的典范，是纯粹的理想主义和彻底的现实主义优美结合的典范。"

《稻盛和夫成功方程式》成了筹备"无锡市盛和企业经营哲学研究会"时主要的学习资料。而更重要的，也是当时根本没想到的是，以《稻盛和夫成功方程式》一书为契机，中央电视台经济频道开始了对稻盛先生的七次采访。

这本书的出版，以及出版过程中小小的波折，让我更加确信了稻盛的教导：**只要做事的动机是善的，实行的过程也是善的，就不必担心事情的结果。好的结果出来只是时间的问题，有时好的程度甚至会超出预想。**

事情的后续发展，有力地证明了这条因果法则，它已经从我切身的经验变成了我确凿的信念。

7

中国首家盛和塾诞生

2007 年 10 月的日本《盛和塾》杂志第 80 期，发表了一则特别报道，内容是稻盛先生亲自率领 100 多位日本盛和塾企业家访问中国无锡的情况。报道的大标题是《中国首家盛和塾——无锡市盛和企业经营哲学研究会——正式开张》。

这篇报道称无锡的这个研究会为"中国版盛和塾"。该报道认为：

（1）这个研究会名称冠上固有名词"盛和"二字并获得政府认可，这在中国是第一次；

（2）无锡盛和塾绝大多数塾生是中国人，这一点也同巴西盛和塾、美国盛和塾的塾生以日本籍为主，不一样；

（3）这件事说明稻盛哲学不但超越了国界、人种、宗教的差异，而且超越了政治体制的不同。

2007 年 3 月"无锡市盛和企业经营哲学研究会"成立。我把政府有关部门的批准证书传真给了稻盛。稻盛很是吃了一惊，因为在这之前，他也认为在中国设立盛和塾真的不太可能。

稻盛从 20 世纪 90 年代中期开始，就希望中国能成立盛和塾。在 21 世纪初，中国有两个大城市先后设立了"中日经营哲学研究会"。有关人士向稻盛说明，这个中日经营哲学研究会既不是研究丰田，也不是研究松下，而是专门研究稻盛哲学的。但是，要像日本、巴西等国一样，冠上稻盛和夫名字中的"盛和"二字有困难。

然而，日方认为，既然名为"中日经营哲学研究会"，顾名思义，就应该是研究中国和日本两国的经营哲学的研究会，武断地把它称为中国的盛和塾，显然不合适。

因为无锡的这个研究会的名称中，既有"盛和"又有"哲学"，稻盛就说，这应该被认定为"盛和塾"。实质上，这个研究会同日本、美国、巴西等国的盛和塾一样，就是学习和研究稻盛经营哲学的。这样，作为中国首家盛和塾，无锡塾就诞生了。

2007年7月2日，稻盛率领日本盛和塾代表团来无锡参加研究会的开讲式。当天，我用自己公司的车去上海迎接稻盛。见面以后，他就问我："盛和塾为什么在其他地方办不起来，在无锡却办成了？"我说："其他地方为什么办不起来，我不清楚。但我们在无锡办这个研究会，过程很简单，并没有遇到什么阻力，没有任何复杂的手续和困难的交涉。因此，其他地方办不起来，我反而觉得难以理解。"

在从上海前往无锡的途中，我又补充说："其他地方没办起来，可能因为当事人有一种先入观念，认为这件事在中国不可能办成，有这种想法的话，'可能'就变成了'不可能'。不可能的事硬要去做，不是徒劳吗？不是吃力不讨好吗？那么，他们为什么会有这种想法呢？比如说，某些人认为，尽管稻盛是企业界的明星，尽管稻盛哲学确实很好，尽管稻盛先生还是中日友好使者，但稻盛先生毕竟是个日本人呀，向日本人学习需要谨慎。"

我又说："我根本没有考虑得这么复杂。我认为，既然稻盛的经营哲学是好的、对的、有用的，是我们的企业、企业家所需要的，这种利他哲学还是我们这个社会所需要的。而且现在我们还没有这样的经营哲学。我们为什么不能组织学习呢？"

我说："稻盛和夫是哪国人根本不是问题的本质。……既然中央党校还特地邀请您去讲演，并给予高度评价，那么，我们来学习和研究您的哲学为什么就不可以呢？"

那年7月3日在无锡太湖饭店举行的大会上，我的致辞题目是《我们为什么要学习稻盛哲学》（见附件）。

稻盛的讲演题目是"经营为什么需要哲学"。在讲演一开头，稻盛说，以刚才致辞的曹岫云会长为中心，在无锡成立了中国第一个通过我的哲学来学习企业经营的"无锡市盛和企业经营哲学研究会"，也就是在中国的"盛和塾"。

在这次大会上，无锡塾生、宜兴协联总经理宗伟刚发表的演讲，引起了稻盛塾长的关注。稻盛说，这是他这么多年，来中国这么多次，听到的最受感动的发表，这也是他到无锡来的一个意外的收获。稻盛当场决定，邀请宗伟刚9月去日本盛和塾第15届全国大会上再次发表。日本盛和塾的事务局局长说，9月大会上的八名发表者的名单早就确定了啊。稻盛说，为什么只能是八名而不能是九名呢？宗伟刚在日本盛和塾第15届全国大会上的发表得到了满堂喝彩，并荣获了"优秀发表者奖"。稻盛对宗伟刚的发表做了一段很长的讲评。我认为，这个讲评很重要，在这里记录其中的几节。

宗伟刚的发表是一个很好的证明。证明无论在哪里，利他哲学都行得通……企业并购本来是追求自身利益的行为，但宗先生却贯彻利他哲学，使一切事态都向好的方面转化。

以利他哲学经营企业的同时，经营者还必须指导和统率全体员工。宗先生认为这种统率力由经营者的品格和人格决定，因此他严于律己，保持了自身的清廉洁白。

总经理握有实权，常有总经理以权谋私。宗先生不仅自己不以权谋私，而且禁止亲属以他的权力谋取好处。有些亲戚、朋友因此疏远他。这虽然让他感到寂寞，但他认识到自己稍微扭曲一点，就可能造成严重后果。因此他耐住寂寞，有送礼的当即退还，保持自己的操守。在儒家思想的影响下，维护社会正义或许重要，但是，有时骨肉之情似乎更要紧。一个家族中一人出息了，他就负有提携家族其他人员的义务，这在儒家思想影响下的社会乃是天经地义。

在这种背景之下，要贯彻并坚持社会正义，往往会遭到父母兄弟、亲戚朋友的责难，被指责为无情无义、六亲不认。我认为，在看重人情的文化环境中，能够贯彻利他哲学、坚守正义的宗先生具备惊人的精神力量。

这里还有一个插曲。在这次大会筹备期间，无锡太湖突然蓝藻暴发，这是过去从来没有过的事。一时间连自来水也发出阵阵臭味，媒体大肆报道。省里有关朋友提议，大会应予推迟，因为这时的无锡有碍观瞻，请大批日本人来，会给他们留下不好的印象。日方也听到了无锡蓝藻暴发的新闻，也表示担心。大会要不要如期举办，最后的决断，事实上落到了我一个人头上。我认为，蓝藻问题是过去重视不够、治理不力所导致的。我判断当时的形势，无锡市政府正在全力以赴，千方百计解决问题。而且到大会开幕还有一段时间，这期间情况可望好转。并且，既然我们每天能在这里生活，日本人应该也不会有问题。另外，我知道，日方组织这次跨国活动，几个月以前就开始准备了，不是说要推迟就能随便推迟的。一旦取消，再重新组织，实际上难度很大。所以只要情况允许，决不可丧失这次难得的机会。

"现场有灵魂"。我和妻子一起赶到客人准备下榻的无锡太湖饭店。我们用瓶子在两个卫生间的自来水龙头上接水，观察水的颜色，嗅闻水的气味。然后，我们找饭店的接待负责人商量。这位负责人非常热心，他说太湖饭店是无锡最高档的饭店，有三道净水系统，可以保证日本客人正常的生活用水。我这才下定决心，通知日方如期来锡访问。结果，当客人访锡时，蓝藻问题已经基本解决。那天阳光明媚，我们还安排稻盛一行乘轮船游览了太湖风光。在太湖的马山瞻拜了比日本奈良大佛还要壮观的无锡灵山大佛。稻盛兴致勃勃。日本塾生们大都是首次来鱼米之乡无锡，大家非常尽兴。

无锡市一位常务副市长出面接待了稻盛。因为他是主管开发区招商引资的，这么多日本企业家一起到访无锡，他也很热情，并安排稻盛一行参观了无锡经济开发区。

附件　我们为什么要学习稻盛哲学

2001年10月28日在天津，我初次见到稻盛先生，聆听了他的"经营为什么需要哲学"的讲演。当时我心里一阵惊喜，我觉得我遇到了一位亲切而又伟大的人物，他手中握有我一直想追求的真理。一个月后我即赴日拜访京瓷公司，购买并认真阅读了稻盛先生的全部著作，包括至今为止《盛和塾》杂志中所有的"塾长讲话"，内心禁不住产生强烈而深刻的感动。

单从创立企业的规模讲，美国有比尔·盖茨，日本有丰田，等等，稻盛先生虽然赤手空拳38年创建了两家世界500强企业，毕竟不是顶大，不是最有名，但从企业经营和经营哲学乃至人生哲学综合来看，稻盛先生站到了世界和时代的高峰。不仅日本，也不仅中国，在全世界的企业家中，至今还没有出现可以超越他的人物。季羡林先生说得中肯："根据我七八十年来的观察，既是企业家又是哲学家，一身而二任的人，简直如凤毛麟角，有之自稻盛和夫先生始。"

20多年前就有许多日本企业家追随稻盛先生，现在日本、巴西、美国共有4100多名企业家参加"盛和塾"，学习稻盛哲学，把稻盛先生作为自己经营和人生的楷模，这种现象，当今世界独一无二。

40 多年前，在京瓷公司成立后不久，稻盛先生就把自己在经营以及生活实践中一点一滴的感悟记录下来，汇编成"京瓷哲学"的小册子，发给员工学习，并与员工一起在实践中贯彻。

"京瓷哲学"后又被称为"稻盛哲学"。它不但是稻盛先生各项事业高速、顺利发展的思想基础，而且它的思想的光芒，它所代表的人类的良知和睿智，在纷繁复杂的现实世界中尤其显得难能可贵。

稻盛哲学是实践的哲学，渗透在稻盛先生的一切实际经营活动之中。它没有什么令人头痛的哲学术语，它深入浅出却又有感动和召唤人心的力量。

实践和理论之间、经营和哲学之间，存在紧密的循环。稻盛先生在经营实践中悟出了稻盛哲学，并把稻盛哲学忠实地贯彻于经营实践，使事业获得巨大发展。又把在发展中的新的实践经验再提炼，进一步丰富了稻盛哲学。如此循环，使经营和哲学，理论和实践达到高度的、近乎完美的统一。

用什么思想、哲学、价值观来经营企业，来度过人生，每个企业家都有选择的自由，但这种选择却决定了我们经营和人生的结果。比如，我们选择了利己主义的思想、哲学、价值观，无论什么事都只考虑对自己是否有利，甚至损人利己、损公肥私，那么我们的经营和人生虽然也有可能取得一时的成功，但这种成功却很难长期持续。为了企业的持续发展，为了获得幸福的人生，我们就有必要认真学习并选择优秀的思想、哲学、价值观，用它来指导我们的经营和人生。从这个角度上讲，我们今天开这个会，我们来学习稻盛经营哲学，意义重大而深远。

稻盛先生是通过光明大道到达巨大成功的典范，是纯粹的理想主义和彻底的现实主义优美结合的典范。这样的典范对于我们中国的企业经营者，对于各界各级领导，对有志于追求人生真理的年轻人，都具有难以估量的参考价值。

稻盛哲学中包含了许多中国古代文化的精华，为了回报中国，为了帮助中国企业家通过提高心性来拓展经营，为了中日世世代代友好，多年来稻盛先生一直想把他成功的经验和理念无偿地传授给中国的企业家。10 多年来，稻盛先生应邀在北京、天津、新疆、江苏、贵州、上海等地讲演，2004 年 4 月 4 日中日友好协会授予稻盛先生"中日友好使者"的称号，4 月 6 日应中央党校的邀请，稻盛先生又做了题为"致新时代的中国领导人"的精彩讲演。

以江苏无锡为主的部分企业经营者，对稻盛先生的经营哲学产生了共鸣，决定设立"无锡市盛和企业经营哲学研究会"。

我们要学习领会稻盛哲学的精髓，并在实践中贯彻，在追求企业员工物质和精神两方面幸福的同时，对社会的进步发展做出贡献。

无锡市盛和企业经营哲学研究会　曹岫云

2007 年 7 月 2 日

这篇致辞被刊登在日本《盛和塾》杂志第 80 期上。

8

中央电视台采访
稻盛七次

2008 年 1 月末，中央电视台《对话》栏目的一名导演突然打来电话。她说："为了配合国家领导人访问日本，我们《对话》栏目，要发出自己的声音。我们计划围绕'中国制造和日本制造'这个话题制作一期节目。日方嘉宾希望能请到被称为日本'经营之圣'的稻盛和夫先生。"

我问她："您怎么想到要找我，又是怎么知道我的手机号码的呢？"

她说："邀请稻盛和夫，我们现在没有渠道。我把您写的《稻盛和夫成功方程式》这本书读烂了，就凭我的直觉，您一定有办法请到稻盛和夫先生。我刚从中国大百科全书出版社打听到您的电话号码，就直接联系您了。"

我说："邀请稻盛和夫来做节目是个好主意，我认为，他也会接受邀请。不过，您可以通过日本京瓷公司在北京的事务所同稻盛联系。"我告诉了她该事务所的地址和联系人等信息。同时，我也同京瓷北京事务所以及日本的京瓷秘书室进行了联系，告知了此事。

这位导演去了京瓷北京事务所两次。每次去过以后，她都给我打电话。第一次，事务所一位接待她的女士问，稻盛创建了两家世界 500 强企业，中国有哪位企业家有资格同稻盛对话。当导演讲了中方嘉宾的人选以后，该女士说，你们不要开国际玩笑啊，这样安排的话，对话怎么对得起来？导演说，我们是围绕一个主题进行讨论的，并不是说对话双方都要有同等的成就或知名度。

我赶忙同京瓷北京事务所的人沟通，说了我的意见。当导演第二次去时，事务所基本上同意了请稻盛来参加节目，但又问，《对话》节目时长一小时，你们准备让稻盛讲多长时间？导演说，一小时的节目给20分钟行了吧。导演这时以为事情敲定了，就回去向领导汇报了。

不料，两天后，日本京瓷的宣传报道部门给我发邮件，说稻盛不来了，好不容易到中国来做节目，怎么只让他讲20分钟。

我与导演通话，她就急了。她说，此事已向领导汇报了，已经定了，怎么又变卦了，之前说好要来，现在又说不来。这个沟通怎么这么难啊！节目播出一小时，但录像要三小时，稻盛老人家想讲多长时间都行啊。

栏目导演与京瓷北京事务所联系，事务所接待人要向事务所负责人汇报，负责人要向京瓷总部秘书室汇报，秘书室负责人要同京瓷宣传报道部门联系，最后还要向稻盛汇报。

这里面还加个我。环节一多，信息传递就容易变样。这样的沟通方式很费力，于是，我立即召集无锡盛和塾 10 位理事到我公司的办公室开会。会后，我直接给稻盛本人发邮件，然后，马上打电话给京瓷总部秘书室室长，问他有没有接到我发出的邮件，邮件什么时候给稻盛看。

邮件内容如下。

稻盛塾长，您好！

接到中国中央电视台《对话》栏目导演的电话后，在前天，我们无锡盛和塾 10 位理事开了一次专门会议，围绕稻盛先生参与这期节目的意义，围绕"中国制造和日本制造"这个话题，大家进行了认真的讨论。关于稻盛先生及京瓷公司的一些资料我也已经用快件寄到中央电视台。

1. 中央电视台《对话》栏目是中国经济频道很具人气的栏目，特别受企业家欢迎。

2. "中国制造和日本制造"这个话题也有意思，值得讨论。

3. 这期节目播放时机选择极佳，收视率一定比平时更高。

4. 该节目做法是：有一位主持人，有嘉宾，又有几十人同时参加，围绕某个话题展开生动活泼的讨论，有临场的挑战性。

5. 稻盛和夫、稻盛哲学、京瓷公司，现在在中国的经营者和一般民众中的知名度不高。这期节目是一个机会，也可能是一个良好的起点。

6. 我对该导演说："您在这期节目中挑选稻盛先生作为第一嘉宾，很有眼光。稻盛先生不仅是一位德高望重的企业家，而且是企业家中的哲学家；稻盛哲学对这个时代的价值不可估量。"她说，稻盛是泰斗级人物。

7. 这期节目如果一炮打响，中央电视台的其他栏目，也可能找上门来。

8. 提高稻盛和稻盛哲学的知名度，对我们展开盛和塾的活动也将助上一臂之力。

9. 应该在中国进一步提升稻盛哲学的知名度。

……

这一战略性、历史性的课题，我觉得不仅是我们这些信奉稻盛哲学的经营者，也是稻盛先生您本人应该深入思考的。您说对吗？

接到这封邮件后，京瓷总部秘书室室长告诉我："你答应他们，稻盛肯定来参加。"

记得《对话》这期节目开场，主持人就向稻盛抛出一个问题："你创建了京瓷和 KDDI 两家世界 500 强企业，现在有没有打算创建第三家世界 500 强企业？"稻盛回答说："我已经 76 岁了，我已经没有那个野心了。以后我只想以平和、从容的心态度过自己的余生。"对于稻盛这个回答，听众鼓掌，主持人报以会心的微笑。但当时所有人都没想到，而且根本想不到的是，仅仅过了两年，稻盛就以 78 岁高龄，出任破产重建的日航的董事长，仅仅一年就让日航起死回生，业绩在行业内世界第一而且遥遥领先。而日航也曾是世界 500 强企业。

稻盛特别适应《对话》这类能提出挑战性问题的节目。他往往要言不烦，出人意料，一语中的。比如主持人问："稻盛先生您个人是更喜欢'改革'这个词，还是更喜欢'改善'这个词？"稻盛露出纯真的微笑，他说："不存在更喜欢哪个词的问题。改善是日常的、一步一步地向好的方面改进；改革是剧烈的变革，我就是这么理解改善和改革的。所以**在企业经营中，有时候需要改革，但在日常的工作中，不断地改善再改善，这也是需要的。**"

节目尾声，主持人别出心裁，给每位嘉宾发一块纸板，让大家为"中国制造的未来"贴红星，最多贴五颗星。结果有人贴了四颗，有人贴了五颗，并阐述了各自的理由。最后轮到稻盛时，他指出中国制造存在的两个问题，一是独创性不足，二是质量有待继续提高。因此他举出的纸板上只贴了三颗星。主持人认为稻盛的意见很中肯。我觉得，这很反映稻盛的性格，他总是实事求是，观点清晰，一针见血，不说大话，不谈空洞的概念，不轻易附和别人，哪怕是多数人的意见。

节目圆满结束后，导演请我在北京饭店喝咖啡。除向我表示感谢外，她说，节目小组的人都成了稻盛的粉丝。稻盛说话抓住要点，没有一句废话。

陪同稻盛前来的京瓷总部秘书室室长，在回日本后给我的邮件中说，专程来中国参加这期节目，稻盛先生很高兴，也获得了他自己的那份满足感。

后来，我去参加日本盛和塾全国大会，开会前，稻盛特地把我请到贵宾室，向我表示了感谢。他说，如果没有我那种顽固又执拗的纠缠，也许他当时不会来中国参加节目。

万事开头难。第一次访谈双方都很满意。不过，当时谁都没有想到，从两年后的 2010 年年底到 2013 年，在这短短几年中，中央电视台竟然又采访稻盛达六次之多。尤其是最后两次，采访人积极主动同我们联系，所提问题中，还采纳了不少我的意见。以致稻盛一看采访提纲就非常感动，结果他的回答也格外精彩。

9

清华北大讲演的波折

2008 年发端于美国的金融风暴席卷全球。这场灾难不是天灾，而是人祸。针对人类面临的新的危机，日本出了一本新书——《拯救人类的哲学》。这本书是由稻盛和一位日本哲学家的对谈内容编著而成的。日本盛和塾很快便寄给我一本。

"拯救人类的哲学"，单是这个书名，就给我一个强烈的冲击。人类需要拯救？拯救人类的不是科学而是哲学？我一口气读完了这本书，感动之余，就想把它翻译出来，让中国人也了解作者对于人类危机和地球命运的思考。

我花了一个月完成了翻译，并撰写了推荐序文《拯救人类的哲学是什么》。当时，京瓷总部秘书室向我介绍一家文化公司，另一朋友向我推荐中国某著名出版社。我将译稿发送过去后不久，便专程前往北京拜访这两个单位。他们都认真接待了我。著名出版社表示："这本书很有价值，但受众面较窄，只适合给高层人士阅读。放在书店里销量不看好。我们是大出版社，首印至少 16 000 册，如果出版的话，请曹先生回购 8000 册。"听此话我非常吃惊。我表示，翻译费可以不收，要我回购 8000 册，我怎么处理啊！

而另一家文化公司都是年轻人，思路比较灵活，他们表示愿意出版这本书，但提议能否同时出一本稻盛先生针对经济危机的书。我当即应允。我翻译过稻盛先生的《把萧条看作再发展的平台》《空前的经济危机及其应对策略》《克服经济萧条的六项精进》等多篇文章，再加上我为无锡盛和塾学习翻译的资料，结集成书轻而易举。很快我就编辑完成了《在萧条中飞跃的大智慧》，全书共分六章。文化公司的年轻人催得紧，并要求我为每一章撰写所谓"专家导读"。或许是当时我比较投入吧，该公司夸我的译文和导读"传神"，而稻盛对我的导读每篇"绝赞"。因为这本书是我编译的，日本没有原版，所以我们特别邀请稻盛为本书作序。

稻盛在序言中写道："最近几年中我作的六次讲演构成了这本书……我想无论哪一篇，对当前尚未见底的经济危机都可以起到有益的作用。因为所谓经营要诀应该是普遍适用的……无锡市盛和企业经营哲学研究会会长、无锡某某公司董事长曹岫云先生为本书的出版付出了不同寻常的努力，并为每一章撰写了精彩的导读文章。值此书出版之际，我谨向曹先生致以敬意并表示衷心的感谢。"

《拯救人类的哲学》和《在萧条中飞跃的大智慧》两本书可望同时出版，对克服当时的金融危机具有重要的现实意义，该文化公司兴奋之余，提议在两本书出版之际，策划邀请稻盛先生到北京大学、清华大学来讲演。我觉得，如果这项提议能实现，意义很大，为此，我决定立即飞赴日本，当面邀请稻盛先生。我带着北京大学、清华大学的邀请书和我们策划的日程，赴日拜访稻盛。我对他说："美国的克林顿总统来，在北京大学讲演，美国的比尔·盖茨来，在清华大学讲演。您稻盛呢，今天在清华大学讲演，明天在北京大学讲演，在中国两座最高学府讲演，这是过去从来没有过的。"稻盛听后也很高兴。原本只安排一小时会见我，但由于交谈很投机，稻盛临时调整了其他时间安排，同我谈了一个上午，中午还特地请我吃饭，虽然只有一盆炒面加一碗清汤，但是，这可是稻盛塾长亲自请我吃饭，我不免受宠若惊。在交谈中，除了在北京大学、清华大学讲演结束后签名售书这一条，对我提出的其他要求，稻盛照单全收。

然而，出版这两本书，需要日方的正式书面承诺。在文化公司与日方有关部门沟通时，却出现了障碍。马上出版《拯救人类的哲学》的中文版没有问题，但是《在萧条中飞跃的大智慧》是我编译的，日本没有这本书。按照日方的经验，出版一本书通常要花一年琢磨推敲，而对于这本书，说出版就马上要出版，太仓促了。所以，日方主张这次先出版《拯救人类的哲学》，《在萧条中飞跃的大智慧》以后再出版。但文化公司不同意日方的意见，坚持两本书必须同时出版。

日方当事人不同意，在邮件往来过程中，还显得有些不耐烦。因为双方互不理解，陷入僵局，最后该文化公司向日方发出了最后通牒：如果日方再不同意，不但要取消北京大学和清华大学讲演的计划，而且要向日方公司提出索赔。

此举让日方当事人大吃一惊，他急忙打电话给我，希望我出面协调解决这个问题。我一方面批评文化公司："日方承诺过你们什么？你们有什么可索赔的？你们搞'最后通牒'也未免太夸张了吧。"另一方面，我也向日方说明，在中国同时出这两本书毫无问题，而且出版《在萧条中飞跃的大智慧》这本书正当其时，不能按照日本以往出书的惯例来。更何况，稻盛本人也乐观其成。接着，我帮助起草了出版协议，结果双方终算达成了共识。

2009 年 6 月 8 日，稻盛先生一行从日本到达北京；9 日，在清华大学，稻盛的讲演题目是《把萧条视为再发展的飞跃台》。他详细论述了应对经济危机的六条经验。现场听众反应热烈。

讲演结束后的答疑环节，一位企业家提出了一个挑战性的问题：美国的谷歌比日本的京瓷发展更快，中国企业应该向谷歌学习，还是应该向你们京瓷学习？

稻盛回答说：在管理方法上，在发展模式上，应该向富于创造性的美国学。但是，金融危机也是从美国发源的，其中充满了虚假。因此，经营的方式方法虽然应该向美国学习，但经营的根本思想，经营的哲学，应该向中国的圣人贤人学习。

这个回答获得了满堂喝彩。

第二天，即 6 月 10 日，在北京大学，稻盛先生的讲演题目是《经营为什么需要哲学》。其中他说道：

我的哲学追根溯源，是自古以来从中国受到的教诲，是我们在与贵国长期友好交往中学到的。

比如，中国文化经典中有"德胜才，谓之君子；才胜德，谓之小人"这句话。这是强调"德"的重要性的格言。"积善之家有余庆"是强调做善事的重要性的格言。"满招损，谦受益"是强调谦虚的重要性的格言。这类经典的格言不胜枚举。正是这些格言昭示了作为人应该走的正道，是我们在日常生活中、在事业经营中，必须重视的道理。遵循这些道理，依据作为人的正确的"思维方式"行事，就能获得成功。反之，就不能成功，更谈不上取得长期持久的成功了。

　　时任北京大学国际 MBA 学院的院长说："到现在为止，我们使用的教科书是以美国哈佛商学院为中心的美国 MBA 的教材。但是，作为楷模的美国，现在拜金主义横行，结果发生了各种舞弊丑闻，社会也出现了混乱。中国的经济界也存在一些问题。在这种情势下，听了您的讲演，我确信，中国的企业也应该以您倡导的高尚的哲学去经营。我认为，今后北京大学也要把您的有关经营哲学的书籍作为教材来使用。"

　　的确，这位院长的话切中了要害。然而，话虽然这么说，但改革开放以来，我们在经济上，在企业管理上，主要是向西方学习。向日本学的内容，也大多源于西方。现在我们要回过头来，学习并实践东西方兼容的、道术平衡的稻盛哲学，依然任重道远。

10

稻盛与我办公司

在清华大学、北京大学发表讲演，稻盛也很兴奋。北京大学讲演结束当晚，我们在附近的文津国际酒店喝啤酒聊天。稻盛说："既然盛和塾在中国只有无锡一家，别的地方办不起来，那我就与你合办一家公司，用公司的形式来传播我的哲学吧。"

稻盛说："我们日本人向中国学习了一千年，而且中国的圣人贤人是从'道'上，就是从根本的为人之道上教我们的。我要把学习中国圣贤的文化，应用于企业经营的经验和心得，告诉中国的企业家，让他们少走弯路。"

我回应说："如果办公司，我就想用您的名字作为公司的名称。稻盛财团、稻盛哲学、稻盛公司，这对传播哲学有利。"

此前我在政府工作时，为无锡吸引了多家日本企业投资建厂，后来下海又与多家日本企业合办公司，对如何创办合资企业相当熟悉。第二天一早，稻盛就要回日本，早餐时，我就把设立合资企业的流程写在一张纸上，读给他听，包括公司名称、所设地区、出资单位、资本金、投资比例、意向书、可行性分析报告、合同、章程，等等。稻盛说，这家企业主要由中国人办，股份他只占 20% 即可。

稻盛主动提出与我合办公司，非常突然，完全出乎我的意料。这样的公司如何办，我也是一头雾水。首先，如果办的话，是否应该办在我的家乡无锡。我土生土长在无锡，一直在无锡上学、工作，无锡有我的公司，而且无锡还有唯一的盛和塾。但是，说来也巧，稻盛刚走，就有一位山西客人来访。我和他谈及此事。他是研究儒学的，他们的研究机构设在北京。他说稻盛要同你办公司，这种公司办在首都影响大。

稻盛回日本后，我就开始在北京物色合作伙伴，并准备成立合资企业的文件草案，用传真发给稻盛。但稻盛那边没有答复。我就问京瓷北京事务所的负责人。他的回答很有意思："稻盛塾长提出要同你办公司，但并没有说一定要同你办公司。"

听此话，我觉得稻盛的想法可能有变化。因为在京瓷公司的字典里，"朝令夕改"不是贬义词。本来，我做梦也不曾想到，稻盛这样的人物会和我合办企业。这是他突然提出的。这时我心想，办也好、不办也好，都完全尊重稻盛本人的意见。但过了一段时间，2009 年 9 月 14 日，稻盛的秘书发来邮件，转达稻盛的两点意见。

第一，稻盛塾长接受中日友好协会的邀请，将出席2009 年 9 月 30 日的国庆 60 周年招待会以及 10 月 1 日的庆典仪式。由于这次邀请的外国人不多，所以协会强烈希望稻盛先生务必参加，稻盛这才仓促决定来中国出席庆典。但是 10 月 1 日上午至下午三点，时间空闲，没有其他安排。如果曹先生方便的话，或者您有什么要与稻盛塾长商讨的话，能否来北京，稻盛想与您见面。其时，您想介绍什么人与稻盛见面，或者要稻盛去什么地方参观，都可以讨论。不过，当天是个特别的日子，我们担心因交通不便或许难以会面。如果曹先生有什么建议，我们洗耳恭听。

第二，现在，正在制作中的"京瓷哲学 2"①的书稿开头，有一篇文章，讲述的是京瓷创业不久后，有一位先生对稻盛思想做出高度评价的逸事。稻盛塾长特别关照，希望曹先生您也务必读一读这篇文章。

稻盛这篇文章的题目是《珍视哲学才有今日之京瓷》。在文章中稻盛写道：

一直以来，我非常重视京瓷哲学。这个哲学并不是

---

① 本书稿尚未出版。——编者注

京瓷壮大以后硬套上去的东西。为了说明这一点，首先，我想讲一则故事。1966 年 5 月 22 日，我收到了平井乙麿先生的一方色纸。京瓷是 1959 年成立的，创业开始才过去七年，京瓷的滋贺工厂刚刚建成，大家都在拼命工作。这位平井先生是京瓷原副社长上西先生的恩师。上西出生在加拿大，小学毕业后，于战争中回到日本。因其父家乡是滋贺县的彦根，所以回到日本后，在彦根初中毕业、升入彦根三中，又考上京都大学。而他在彦根初中的恩师就是这位平井先生。1966 年，具体的经过不清楚，可能是开同学会吧，上西与初中时代的恩师平井相会，上西提起我。平井先生非常感动，提出"一定要见一见这位年轻人"。于是便来到滋贺工厂。他给我的第一印象，是一位温和敦厚的"和歌"① 诗人。平井先生于1952 年当过京都市堀川高中的校长。平井称赞道："稻盛君，听说您的思想非常了不起。"后来没过多久，我收到一方色纸，右上角写道："诗贺京都陶瓷株式会社第一次飞跃。1966 年 5 月 22 日，平井乙麿"。纸上写着一首和歌。

---

① 和歌（わか waka）是日本古典格律诗歌的总称，由古代中国的乐府诗经过不断日本化发展而来。这是日本诗相对汉诗而言的。和歌包括长歌、短歌、片歌、连歌等。——编者注

你那 IDEA

不久将会

风靡世界

要紧的是

品技一流

一旁还画上了美丽的花朵。看到这图文并茂的诗歌，我十分激动，将它镶嵌上镜框，挂在滋贺工厂社长室办公桌后面的墙上。

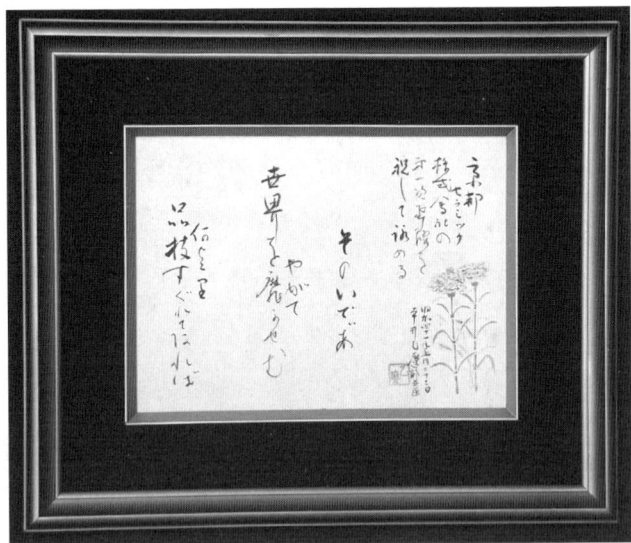

为什么在本书一开头我会讲到这件事情呢？因为在收到平井先生这方色纸的第二天，即5月23日，我就从

专务升任为社长，接替了当时的社长青山政次先生。

平井先生用的 IDEA 这个词，是从希腊语派生过来的，意思是哲学、理念、思想。平井先生的意思是："最重要的是，如果能够始终保持品质和技术领先，那么，你这个 IDEA，就是你的哲学、思想、理念，必将风靡世界。"刚好在我就任社长的前一天，并没有人事先委托和告诉他，是平井先生自发写了这首和歌。

当时我还很年轻，只知道拼命工作。而人生经验丰富的平井先生却说"你的哲学必将风靡世界"。虽然当时我还没有完全领会其中的含义，但我很高兴，而且意识到这很重要，所以将它装进镜框挂在墙上。正如平井先生所言，现在，这个哲学已经传递到京瓷拓展到全世界的关连企业的员工之中，京瓷集团的销售额已经超过了一万亿日元。但是，其渊源正是从滋贺工厂恶战苦斗时开始的。

因为是哲学创造了京瓷今日的繁荣。而当京瓷成立后不久，就有一位先生看透了这个哲学宝贵的价值，而我一直以来都珍视这种哲学。所以，我觉得一定要在"京瓷哲学 2"书稿的开头就把它解释清楚。

收到京瓷这份邮件后，我立即回复：

第一，我准备 9 月 29 日到达北京，一定要与塾长及随行秘书相会。届时，如果你们住指定饭店的话，我肯定进不去。我们会设法住在附近的宾馆。当天因为交通不便，不能去别处参观，请允许我考虑介绍有关人员与塾长见面。

第二，读了这则逸事，感动之余，我想起，在京瓷设立之前，稻盛还在松风工业打工时，就有当时三井物产的大人物吉田先生夸奖说："这么年轻，真了不起，稻盛君，你已经有了自己的哲学。"中国有句谚语："千里马常有，伯乐不常有。"意思是能跑千里的好马经常有，但发现千里马价值的人却非常之少。伯乐是人名，是熟知马的人。吉田先生和平井先生就是稀有的伯乐式的人物。不过，就稻盛而言，我认为，还是稻盛塾长的思想哲学本身，塾长的行为举止，塾长的言灵语魂，那种无法抗拒的感染力，比什么都强大，比什么人都厉害。我自己也一样，我一般不太会敬服某个人。然而，2001 年 10 月 28 日那一天，我却被塾长的讲话深深吸引，从那时起一直追随塾长。这种不可思议的现象，连我自己也觉得难以解释。这与稻盛的名声或业绩并无太大的关系。我想，还是因为其思想的魅力，触及了人的内心深处。这同是中国人还是日本人毫无关系。

对于我这段感言，稻盛只说了一句话："不愧为曹先生。"
稻盛的秘书说，关于平井先生的事，曹先生的理解非常透彻。
我们在稻盛身边的人，反而看不清楚。这件事我要铭刻于心。
谢谢。

后来，我突然觉得，稻盛特别指示我读这篇文章，一是
因为这是他刚刚为"京瓷哲学 2"写的序言，墨迹未干，牵挂
于心；二是因为他提议与我合办公司是一项新的工作，尤其
需要强调哲学；三是因为这也算是对我的一次考试吧。我的
感言发自肺腑，虽短，却获得了塾长的赞赏。

10 月 1 日早餐后，稻盛一行，包括随行秘书，京瓷北京
事务所的负责人和翻译，步行来到我们所住的北京市政协会
议中心。所谈的议题，围绕如何成立稻盛和夫（北京）管理
顾问有限公司（后文简称北京公司）的事宜。其时，稻盛已
经下定决心。他说，日方由他个人出资，占资本金 40%。因
为是导师与弟子合办企业，我们当然完全尊重他的意见，但
他也很虚心地听取我们汇报的情况和我们的建议。北京公司
顺利成立。

11

日航重建的第四条大义

稻盛 52 岁创建第二电电，挑战垄断企业 NTT（日本电信电话公司），舆论认为是堂吉诃德挑战风车，不自量力。后来，听稻盛说，设立并运营第二电电，其实比当初兴办京瓷公司要轻松得多。与此同时，即稻盛 52 岁时，设立"京都奖"，创办盛和塾，还要兼顾京瓷公司，几件大事齐头并进。因为稻盛具备做出正确判断所需要的判断基准，所以一切都有条不紊，向前推进，他繁忙，但心不累。

2009 年 10 月 1 日，稻盛同我们签署了成立合资企业的意向书。过了不久，一则重磅消息传来——日航将宣布破产重建，时年 78 岁高龄的稻盛和夫将投身日航重建。不过，稻盛也并不耽搁我们北京公司的建立。但稻盛将成为日航重建的主帅。我的目光不由得也投向了日航重建这场举世瞩目的大事上。

2010 年 2 月 1 日，稻盛正式进入日航。在此 20 天前，也就是 1 月 10 日，稻盛走出日本首相府后，被新闻记者团团围住。记者追问，他是否已允诺出任破产重建的 CEO？稻盛回答，需认真思考一周后再做决定。次日，就有人告诉我，稻盛将去日航。吃惊之余，我上网一查，果然有此信息。当晚，我就在博客上发表一篇文章，文中我作了两点预测。

第一，78 岁高龄的稻盛先生，只要体力允许，很可能义无反顾，挺身而出。

这一预测很快得到证实。还没到一周，仅仅过了两天，稻盛就正式表态，愿意出任日航的新会长。

第二，依据我与稻盛先生接触的经验，依据我对他性格的了解，挑战精神已融入他的血肉，只要体力允许他挑起重担，我相信日航重建成功必将"指日可待"。

当时日本的报章杂志，都认为日航必将二次破产，稻盛的一世英名将在日航画上句号。所以，日本网络上转载我的博客文章，与日本主流媒体唱反调，连随稻盛共赴日航的助手也感到很惊奇。但我的文章论据扎实。

为什么稻盛重建日航必将很快成功？我写道："因为稻盛先生具备任何别的企业家所没有的或不及的经营哲学。请看25 年前，在稻盛参与日本通信事业，与巨人 NTT 展开'蚁象之战'时，稻盛先生表达了何等的气概：'在通信领域，我没有知识，没有技术，没有经验，一无所有。如果我在这个领域内挥动令旗，取得成功，就能证明哲学的威力。仅仅依靠哲学，真的能够成就如此巨大的事业吗？设立第二电电，以自己的后半生进行挑战，就是为了证明这一点，证明哲学这个独一无二的武器的力量。'"

在稻盛进入日航的前一周，我又在博客上发表论文《日航重建——稻盛经营哲学的公开实验》。我觉得这个标题非常棒。文中，我详细分析了日本舆论的担忧和民众的期待。最后我的结论是："从 2 月 1 日起，稻盛将带数名助手去日航上任，工作千头万绪，但只要让日航干部员工共有并实践稻盛哲学，一切难题必将迎刃而解。稻盛先生说'在纯粹的、高尚的思想里秘藏着巨大的力量'。稻盛拯救日航获得成功，将向天下昭示这一真理。请大家拭目以待。"

我请大家拭目以待。我认为日航重建成功必将指日可待。结果日航在稻盛的带领下，第五个月就扭亏为盈，接着业绩节节攀升，一年下来，利润竟然高达 1884 亿日元，不但成为航空界的世界第一名，而且遥遥领先。其速度之快，业绩之高，还是超出了我的预料。

2010 年年底，中央电视台《对话》栏目的导演，特地赶到我们北京公司的办公室说："太神奇了！这么短的时间内，把这么糟糕的企业，经营得这么成功，简直不可思议，我们希望再次制作稻盛的专题节目。"

稻盛很快答应再次来京，节目做得非常精彩。在送稻盛去机场返回日本的途中，稻盛又提及去日航的三条大义。

第一，为了保住留任的 32 000 名日航员工的饭碗。

第二，为了给持续低迷的日本经济注入新的动力。

第三，为了维持日本航空业良性竞争的态势，让乘客继续拥有选择航空公司的自由。

我听后说，应该还有第四条大义。稻盛问，此话怎讲？我说，第四条大义是，向全世界昭示稻盛哲学的威力。

稻盛笑着说，这话只能你讲。我说，从长远来讲，这第四条大义，其价值丝毫不亚于前三条。

如果说，创建第二电电主要是向日本人证明稻盛哲学的威力，那么，重建日航这一场举世瞩目的公开实验，则向全世界展示稻盛哲学有多么厉害。

12

感动的魔力

2010 年 3 月，北京公司正式挂牌成立。同年 8 月是稻盛进入日航的第七个月，我们赶到日本，举办北京公司成立后的第一次董事会会议。彼时的稻盛清瘦了不少，但精神矍铄，一脸自信。在 6 月之前，由于过去的惯性，日航依然每月亏损，流血不止。但从 6 月起，即稻盛进入日航第五个月开始，日航就已经扭亏为盈。更重要的是，经过前四个月稻盛的言教身教，特别是 6 月，稻盛主办领导者教育课程，召集日航 52 名主要干部，开展了 17 次高强度集训。集训结束时，这 52 名干部的精神面貌焕然一新。3000 多名各级干部见状，主动要求学习。日航因宣告破产而带来的沉闷空气为之一扫。

一见到稻盛，我抛出的第一个问题就是："进入日航，最让您头痛的是什么？"

稻盛说："我一进日航，在一次干部会议上开诚布公地说，我判断事情是有基准的，这个基准很简单，用一句话来讲，就是'作为人，何谓正确'。但是，对我这句话，听的人没有反应，他们可能从来没有听过这样的话。于是我说，大家听不懂没关系。但希望大家把这句话放在心里，以后碰到问题时，拿出这句话来对照，然后再做出判断，采取行动。"

听稻盛这么讲，我觉得日航干部的反应很正常。判断一切事情，都有一个明确的基准，日航的干部们很难理解这一条。然而，所谓哲学，就是彻底追究"作为人，何谓正确"这一本源问题的哲学。这一判断基准，是稻盛哲学的原点。要求日航干部共有这个哲学，共有这个判断基准，并付诸实行，这等于说，要改变他们原本持有的、按照利害得失判断事物的价值观。这谈何容易，决不可能一蹴而就。

比如，作为人应该正直，不应该骗人；作为人应该谦虚，不应该傲慢；作为人要有勇气，不应该卑怯……这类小学生都懂的道理，当时日航的所谓精英们却很难做到。

比如召集干部们开会，检讨日航之所以破产，是因为出于自我保护的本能，干部们往往把责任推卸给过去的领导班子，或者说政府不好，或者说是金融危机突如其来，又或者说工会不好对付，或指责别的部门。他们往往互相推诿，不愿担责。

其实，他们心里清楚，日航破产，作为日航的重要干部、重要部门，自己当然有一部分责任。明知有责任而找借口推脱，一味为自己和自己的部门辩护，虽说是出于自我保护的本能，但往重里说，这不就是自欺欺人吗？不就是骗人吗？如果说，错的都是别人，都是环境不好，自己没错，自己没任何责任，自己不需要改变，如果大家都这么想，日航重建有可能成功吗？

所以，仅仅是"作为人应该正直，不应该骗人"这一道理，要认真贯彻实行，就非常之难。而这绝非日航独有的问题。

再谈，"作为人应该谦虚，不应该傲慢"。这道理不是太简单了吗？但要实行，谈何容易。

当时，社会舆论指责"日航比衙门还要衙门，日航干部比官僚还要官僚"。稻盛当然感同身受，但当稻盛批评日航干部的官僚作风时，有的干部还很不服气，他们反问稻盛："稻盛先生，您说我们是官僚作风，请问我们哪儿官僚了？"

稻盛立刻回击说："你们傲慢啊！殷勤无礼（日语）就是表面谦谦君子，彬彬有礼，内心瞧不起人，傲慢不逊。这样的态度就是不谦虚，不坦诚。人能否进步，取决于是否谦虚、是否坦诚。只有承认自己的过错，人才会学习进步。缺乏谦逊坦诚之心，人就不会进步。你们本事不大，把企业弄破产了，自尊心倒是挺强的。"

还有，"作为人要有勇气，不应该卑怯"。其实，过去有许多事情大家心里明白该怎么办，但没能实行，就是因为缺乏勇气。比如，有的航线年年亏、月月亏，应该砍掉却下不了决心，因为砍航线会牵涉到企业内外很多人的利益，于是问题就搁置，向后拖延，幻想出现新的景气来掩盖问题。有些问题明显不对，本该提出并坚持，却害怕得罪上司，害怕遭到部下的抵制，顾虑别人对自己的评价。担心一旦失败了怎么办，患得患失，犹豫不决，因而没有勇气去实行。

稻盛向日航干部强调："日航无论如何都要重建，要成为一个正常的企业。为此，'应该正确地做人''作为人，应该以正确的方式将正确的事情贯彻下去'……这些最基本的道理必不可缺。这确实是很简单、很质朴的道理，但对这种做人的原则不接受、不理解，或者不愿遵循、不能实践的人，那么请你们尽快辞职。因为靠这样的人重建日航是根本不可能的。"

不但言教，更重身教。日航应该留在寰宇一家还是进入天合联盟，在这个重大选择的关头，判断的基准是利害得失还是是非善恶，作为人，究竟何谓正确？稻盛循循善诱，引导习惯于以利害得失为判断基准的日航的干部们一致做出了正确的判断。

特别是经过 6 月这一个月的集中教育，一位重要干部率先觉醒了。他由衷地感慨道："正像稻盛先生所说，小时候老师家长教我们的这些道理，几十年来，我不仅没有掌握，没有实行，而且根本不重视。如果我早早明白这些道理的重要性，那么日航就不会落到破产的下场。确实是我们怠慢了，疏忽了做人做事的基本原则。从今天起，我要洗心革面，彻底改变自己，天天给部下讲哲学，努力与他们共同拥有正确的哲学。"

一石激起千层浪。他这番感悟引发强烈共鸣。日航干部员工逐步领会并践行作为人何谓正确的判断基准，日航的业绩开始节节攀升，形势喜人。所以，2010 年 8 月，当我询问稻盛在日航碰到的困难，以及稻盛如何应对困难时，稻盛喜形于色，对日航重建成功充满了信心。

2013 年 3 月 31 日，稻盛从日航功成身退。尽管日航极力挽留，但他说，他决不在日航多留一天，"这是男子汉的美学"。

同年 5 月 7 日，我跟随稻盛去巴西，参加巴西盛和塾成立 20 周年大会。在到达巴西后次日早餐时，我向稻盛提出了一个问题："日航重建成功了，这已经没有争议。但成功的原因众说纷纭。有人说是因为您的经营手腕厉害，说的是您个人的魅力；有人说关键是您的经营哲学；也有人说主要归功于您发明的阿米巴模式；还有人说国家对破产重建企业的优惠政策起了决定性作用。暂且不提优惠政策，因为从 1960 年开始，日本有 138 家上市企业破产重建，尽管有一样的优惠政策，但重建成功的只有 9 家。我的问题是，您的个人魅力，您的'作为人，何谓正确'的经营哲学，您的分部门核算的阿米巴模式，这三者之间当然有关联，但如果问您，这三者中最重要的是什么，您怎么回答?"

稻盛回答说："主要是我让日航的干部员工们感动了。我已经 80 岁高龄，身为航空业的外行，不取一分报酬，没有私利，原来与日航也没有任何瓜葛，冒着'玷污晚节'的风险，不顾自己的健康，鞭策这把老骨头，全身心投入日航的重建。看到像他们的父亲、爷爷一样年龄的人，为了他们的幸福拼命工作的样子，日航的干部员工们感动了，他们觉得'自己不更加努力可不行啊'。由于日航全体员工团结奋斗，不断改革改进，日航重建才获得了成功。事情都是日航人干的，但我把他们点燃了。"

这就是感动的魔力。

　　从稻盛的回答中，我领悟到：在任何组织里，领导者的个人魅力，组织的主导思想即哲学，它的体制模式，这些虽然都很重要，但是，如果组织的一把手不能率先垂范，得不到部下的信任、尊敬和爱戴，他的行为不能让部下由衷感动，那么，这个组织真正的成功是不可能的。

13

守成难

———

2013年10月13日在成都，中央电视台第七次采访稻盛，记者问："听说您在中国的经典中学到了许多智慧。请举例说明。"

稻盛说了两条。第一条是"致良知"。这一条在拙作《稻盛哲学与阳明心学》中，已经做了详细的说明。

第二条就是"草创与守成孰难"的问题。

稻盛说："在《贞观政要》一书中，唐太宗问他的侍臣'草创与守成孰难？'有侍臣说：'草创易，守成难。'我认为，这句话对经营事业的人来说，是特别重要的教诲。有才干，商业嗅觉灵敏，肯努力，因而取得成功的人不在少数，但要持续成功，则非常困难，把成功长期保持下去，就是'守成'，这是极其困难的事情。这个问题，在1400年前的中国就有过很好的讨论，并编写成书。我读到此书时，深以为然。真正成功经营企业，并能持续50～60年的人实在太少了。一时成绩骄人、声誉鹊起的人，一到晚年就出现颓势，这样的企业多不胜数。《贞观政要》的至理名言真是珍贵的教诲。从这个意义上说，中国古代圣贤的金玉良言，到今天仍然具有巨大的现实意义。我认为，中国的典故中有许多宝贵的教训，可以指导我们现代人度过美好的人生。"

中央电视台每次采访稻盛，我都在他的身旁。这次听他讲"守成难"，我也深以为然。

我认为，稻盛讲"守成难"，不仅出于他对中国历史的学习研究，也不仅出于他对日本企业的成败盛衰的观察思考，更出于他自己切身的经验体会。

稻盛是 2010 年 2 月 1 日进入日航的。经过三年的奋斗，稻盛领导的日航重建工作告一段落，2013 年 3 月末，稻盛从日航功成身退。对于日航 60 多年的兴衰史，特别是起死回生的过程，稻盛有刻骨铭心的体验。

然而，这时候，稻盛对自己亲自缔造的京瓷公司那几年的发展，却不太满意。

稻盛在进入日航三个多月，也是日航重建最艰难的时刻，也没有忘记对京瓷的期待。2010 年 5 月 18 日，面对京瓷集团全世界各分公司的负责人，稻盛以"我的梦想和愿望"为题，讲了下面的话。

今天的京瓷集团销售规模超过了一兆日元。从今天开始的五年之间，我希望大家把这个规模扩大至三兆日元。

经过一番分析以后，稻盛总结了三点：

一是现有事业的深挖和横向展开；

二是向新产品、新事业发动挑战；

三是瞄准快速发展的全球市场。

稻盛鼓励说："只要努力，三管齐下，现在看来像做梦一般的三兆日元的销售，绝不是一个'过大的梦想'，也不是不可能实现的'愿望'，而是一个一定能够实现的目标。我坚信这一点。我衷心希望在我还活着的时候，就能实现这样的梦想和愿望。"

但到稻盛在成都接受中央电视台采访时，已过去了三年半，三兆日元的目标遥遥无期，而现在已经过去将近15年，不但这个目标还远未达成，而且利润率还显著下降。而稻盛已经驾鹤西去两年有余。

当然，我相信，具备稻盛哲学底蕴的京瓷公司迟早会重新崛起。

稻盛在告诫他的接班人时，强调"螃蟹只会比照自己壳的大小打洞"。就是说，企业的规模决定于经营者的"器量"。

而所谓器量，就是心性，就是经营者持有的哲学。

稻盛和夫的接班人伊藤说：

"当京瓷哲学淡化的时候，京瓷的命运就走到了尽头。"

什么情况下京瓷哲学会淡化呢？

就是企业在代代相传的过程中，出现了轻视哲学的平庸的领导者。

稻盛和夫曾再三引用"夫国以一人兴，以一人亡"这一中国的经典名言。他强调，一个企业，一个组织，如果领导者蜕化变质了，或者说新的领导者选错了，至今积累的各种资源，仍然有可能得而复失，甚至前功尽弃。

所谓领导者选错，就是选了第三等资质"聪明才辩"的人。稻盛和夫推举的第一等资质的人，是所谓"深沉厚重"的人，就是富于利他精神的、深入思考事物本质的人。

稻盛是一个看破红尘的人，他认为，跟人有寿命一样，企业也是有寿命的。他认为，到时哲学真正淡化，自己创立的公司的命运走到了尽头，那也是没有办法的事。

由此可见，这个"守成难"的问题，确实是一个老大难的问题。

包括京瓷、KDDI 和日航在内，今后究竟会怎样？能不能超越百年，或维持得更加长久，还有待历史证明。

然而，我认为，稻盛哲学本身具备强大的生命力。因为稻盛哲学是彻底探求"作为人，何谓正确"的本源性问题的哲学。其根本精神在于"将作为人应该做的正确的事情，以正确的方式贯彻下去"。换句话说，一切判断和行动的基准不在"利害得失"，而在"是非善恶"。

我相信，这样的哲学迟早将会为全人类所共有，因为"是非之心，人皆有之"，因为"知善知恶是良知"。

反过来说，无论是个人也好，集团也好，国家也好，如果都只考虑自身的利害得失，只把对自己是否有利作为判断和行动的基准，那么，不管科技文明如何迅猛发展，但因为精神文明滞后甚至倒退，不但贫富差距必将进一步扩大，不但大多数人缺乏安全感和幸福感，而且这个世界的纷争和混乱必将没完没了，人类将没有未来。

14

先理后情

京瓷秘书室有位中文翻译 Q 女士，是一位年轻的日本人，她也兼稻盛的口语翻译。Q 女士，为人正直，工作踏实，具备作为京瓷员工的优秀品质。而且她非常朴实，日文功底扎实，业务上又很用功。她总是积极主动地、不遗余力地帮助我们，不辞辛劳，不计报酬。在中译日上，我经常请教她，请她修改、润色我的文章和信件，她做得十分出色。稻盛到中国来开了 10 多次报告会，在中译日的文稿以及同声翻译上，她的工作量很大，但她乐于承担，任劳任怨，从不叫苦，从不计较。她的精神和品质常让我为之感动。

但人无完人。在翻译工作上，在中文译成日文上她胜任。在日文译成中文上，笔译她做得不错，但口译做得不够理想。稻盛讲的话，意思她懂，但用中文如何表达，有时如茶壶里煮饺子，倒不出来。她讲的中文往往词不达意。另外，她的中文发音不准，说得很吃力，听起来也很吃力。这两点叠加，日文译成中文的口译效果就比较差。稻盛那么好的思想传不过来，让人着急。问题是她本人没有意识到这一点，她很自信。这就让别人不好办。另外，因为她日文水平很高，素养又好，又是女士，亲切朴实，稻盛也很欣赏她。而稻盛不懂中文，以为既然她中译日不差，日译中应该也没问题。稻盛产生这样的错觉也很自然。

2010 年 8 月，北京公司第一次董事会会议在京都举行。临近结束时，稻盛问我们中方董事，Q 女士翻译得怎样。这里反映出稻盛的认真，因为他不懂中文，他想通过中国人来确认。一位董事马上竖起大拇指，夸 Q 女士翻译很棒。这正是稻盛喜欢听到的结论。在这种情况下，我当然不能唱反调。这就加深了稻盛的错觉。同时给了 Q 女士一种错误的自信。为什么这位董事会毫不犹豫，将违心之言脱口而出呢？我想，这就是人心的微妙。为什么产生这种现象？一是给 Q 女士面子，当着稻盛的面给足面子，也许是礼仪吧。二是不懂日语的中方董事，非常重视与翻译搞好关系，特别是稻盛身边的翻译。另外，稻盛征求我们对 Q 女士翻译水平的评价，Q 女士在场，当着 Q 女士的面提这个问题，这是稻盛本人的粗心。当着 Q 女士的面，别人能不肯定她吗？而且稻盛也希望别人能当面肯定她。

2012 年 6 月，举办了稻盛和夫经营哲学（重庆）报告会，晚上恳亲会时，我把京瓷的一位男性翻译 X 君安排在稻盛身边。但过了一会儿，稻盛就把 Q 女士换过来，X 君不开心，我也认为不妥，但这有什么办法呢？

京瓷北京事务所所长懂中文，他知道 Q 女士中文讲得不好，但也不好出面说什么，因为他知道 Q 女士很自信，认为自己行。她又是稻盛身边的人，而秘书室又是他们事务所的顶头上司，不好得罪。明白的人都闭嘴，有决定权的人比如秘书室室长，不懂中文，无力判断。

事务所所长说，这件事只有曹先生可以说话。

在这种情况下，"作为人，何谓正确"呢？这个问题摆在了我面前。

按我的性格，我一定会讲真话，直抒己见。但如何表述才能让稻盛明白并接受我的意见而不至于引起误解，同时又对 Q 女士也有利呢？这里有个"先理后情"的问题。先把事实和道理讲明白，然后在提出解决问题的建议时，讲究情义。

在给稻盛回信中，我写道：

> 稻盛塾长经常讲，必须使用一流的翻译人才。这非常正确。翻译的重要性不言而喻。表达塾长卓越思想的话语必须配备相应的优秀的翻译。但是，塾长自己不懂中文，使用的翻译的水平是不是一流，无法判断。中译日，日文水平怎样，塾长能明白，但自己的话被翻成中文时，翻译的水平，听者在多大程度上理解了、接受了，实际上，塾长自己是没办法确认的……

秘书室的翻译 Q 女士。她工作非常热心……但是，Q 女士的中文口语表达常常不够顺畅和准确。2010 年 10 月 30 日，在稻盛和夫经营哲学（青岛）报告会期间，在与青岛市市长会谈会餐时，Q 女士做翻译，市长对她讲的中文不理解，对稻盛究竟讲了什么没有听明白，感到很失望。他对同席的市长助理提了意见。第二天上午，塾长、市长助理、Q 女士、京瓷北京事务所所长、我以及青岛市翻译小李一起乘面包车去海尔，在途中，市长助理对 Q 女士直率地说："Q 小姐，你讲的中国话我们中国人听不懂。但这也不怪你，因为你生活在日本。如果有可能的话，请你到青岛来两年，专门学中文好不好，我可以给你提供学习中文的良好的语言环境。今天去海尔，张瑞敏与稻盛会谈的翻译，就由我们这方的小李担任了。"

第二天，送走塾长后，我和事务所所长等一起在机场吃中饭。我说，所长您懂中文，为什么不指出 Q 女士的弱项？所长说，她是作为翻译被录用的，她这个意识很强，另外，对于中文她又有那份自信，所以她很难把翻译的机会让给别人……

塾长这么有价值的讲话，却传不过来，这是一个大问题。不仅如此，中方还会产生误解，觉得京瓷缺乏优秀的翻译，甚至还会拉低京瓷的形象，我痛感这实在不行……

　　今后对翻译的使用方法，我提出如下建议：塾长今后在日本跟中国的重要客人会谈时，至少要配备两名翻译，把塾长的话译成中文，不是用 Q 女士，而是用优秀的中国翻译。根据情况，Q 女士可以担任中文翻成日文的工作。另外，塾长出差来中国，作为照顾塾长的生活秘书，Q 女士非常胜任。另外将中文翻译成日文的笔译，以及口译，她十分擅长，充分发挥她这个长处就行……

我这封信中，因为提到了京瓷北京事务所所长，所以这封信在正式发给稻盛之前，我先发给所长，请他修改和润色。他果然做了仔细的修改。因为稻盛自己没有邮箱，发给他的信需要通过秘书室室长转送。所长甚至担心这封信到不了稻盛手里。但我判断这种重要的信件，没有人敢拦截。何况，事后我会直接询问稻盛本人的反应。不久，在日本札幌举办的塾长例会结束后的第二天，在观光巴士上，我坐在稻盛身边，一开始，我就问稻盛看了我的信没有。稻盛说："看了，并立即批示按你的意见办。"稻盛说："英语自己还七七八八能听懂一点，中文完全不懂，所以如你所说，翻译水平是否一流，自己确实无法判断确认。"

后来开董事会，请 X 君、Q 女士两个人当翻译，日译中请 X 君，中译日请 Q 女士。但有些涉及中国文化背景的内容，Q 女士不理解，翻译时说不清，就请 X 君补充。

无论是稻盛哲学中国报告会，还是在日本召开的世界大会，Q 女士在中译日的笔译和口译上施展才能，挑起重担。X 君在日译中的同传上，特别是翻译稻盛现场点评上发挥作用。两人配合默契，相得益彰。在稻盛会见中国重要客人时，或在接受记者采访时，中译日工作一般由 Q 女士承担，日译中工作，即翻译稻盛的讲话则由 X 君承担。效果非常好。而稻盛每次长达一小时的主题讲演的文字稿的日译中工作，则由我承担。

把真相点破，实事求是，让相关当事人认识到自己的强项和局限，摆脱自招的压力，心理上获得解放，从而让相关各方扬长避短，彼此各得其所，结果皆大欢喜，这不是很好吗？

疫情结束后我访日时，又和 Q 女士见面，讨论工作。她一如既往，做事认真，态度诚恳，目光清澈，毫不计较个人得失，不愧为稻盛哲学熏陶下的京瓷员工。

不仅是 Q 女士，京瓷的其他翻译，京瓷资料馆和研究部门的前后两名负责人等，对我翻译稻盛的著作和讲演文稿，对我写的和编的书，都给予了非常热情的支持和非常具体的帮助。特别是盛和塾资深干部、北京公司原副董事长池田，对北京公司和中国盛和塾的活动，乃至对我本人，给予了无微不至的帮助和指导。其中许多细节，让我感动不已，感激不尽，终生不忘。

比如，在《心：稻盛和夫的一生嘱托》这本书一开头就讲："心灵决定一切。"

我觉得这句话在中国容易引起误解，所以我建议改为"一切成功都归结于利他之心"。稻盛和日本的出版社也都接受了我的建议。

15

劝塾长戒烟

2012 年 6 月 3 日，在稻盛和夫经营哲学（重庆）报告会上，稻盛以开拓美国西部疆土的篷马车队队长为例，生动地阐述了有关领导者的五项资质。当时，正逢日航即将重新上市，80 岁高龄的稻盛在台上意气风发。接着，在接受记者集体采访时，他又妙语连珠，提问者和现场听众报以热烈掌声。在报告会期间，因为精神高度集中，所以在休息时，稻盛不时抽烟以舒缓情绪。

第三天，我们陪伴稻盛去观看千年古迹"大足石刻"。我们搀扶着他登山，他脚下无力，更出乎我意料的是，仅仅登了十几个台阶，他就开始喘气。在路旁休息时，我对稻盛说："塾长稍微运动一下，呼吸就这么急促，与昨天在台上讲话时的那种霸气相比，反差实在太大了。当然，作为一个80岁的老人，您算得上是健康的，但与我想象中的塾长相比，您是弱多了。在这种情况下，您不可以再抽烟，应该把烟戒掉。"

稻盛说："我已经成功戒烟 17 年，这次去日航有压力，所以又抽上了。我妻子表示不满，说好不容易戒了这么多年，怎么又抽上了，并拒绝给我拿烟缸。我对妻子说，我是抽烟死呢，还是精神压力大死，你看着办吧。于是，妻子就给我拿来了烟缸。"我马上接话，说："如果是这样，那好办啊！

既然塾长抽烟是因为重建日航精神压力大，这个抽烟的理由
或许可以成立。但是，现在日航重建意外顺利，两个月后就
要重新上市了。到那时，因为精神压力大而抽烟的理由就消
失了。我们现在能不能作个约定，最迟在 8 月日航重新上市
之后，您就把烟戒了。"见我说得认真，稻盛微笑着看我，稍
稍点了一下头。我连忙握住他的手说："君子一旦约定，驷马
难追。"

当晚，在长江和嘉陵江交界处，乘渡轮泛游。在船舱的
贵宾室，我请服务小姐把桌上的烟缸拿走。不料，稻盛一只
手压住烟缸，另一只手从口袋里掏出香烟点上，嘟囔着说：
"日航今天还没上市呢！"他那孩童般较劲的神情，让我忍不
住笑出了声。

第二天送他去机场，在车里，我谈到两年前在北京报告
会上，他在台上讲话时，因感冒咳嗽，声音沙哑，台下就有
女经营者因此流泪。讲到这里，我也禁不住哽咽了。这也让
稻盛感动了。当到达机场，早到的日本塾生向稻盛递烟时，
稻盛说："曹さん（小曹）不允许我抽。"我说："反正今天日
航还没上市，您想抽就抽吧。"稻盛抽了两口就把烟灭了。稻
盛说："有个难题，我刚刚买了两条烟，怎么办呢？"我笑着
说："塾长，这个问题您怎么问我呢？对照您的判断基准，自

问自答作为人，何谓正确，不就行了吗？"这时，稻盛不好意思地冲我一笑。

当天，我也从重庆回到了无锡。一到无锡我就写了一封信，用传真发给稻盛（见附件）。过了两天，日本盛和塾事务局的池田君突然从日本打来电话说，刚刚接到稻盛塾长的电话，塾长要他转告我，自己回到日本后，这几天一支烟也没抽。而且把他新买的两条烟加上家里的一条烟，一共三条烟，都分给了办公室里抽烟的人。他提前戒烟了。

接到这个电话，我一阵惊喜。稻盛居然真的纳谏了，这对他的健康长寿肯定有好处。他周围的人，包括他家人，在这个问题上，不敢向他谏言，谏了他也不会听。而我居然做到了，我的意见居然生效了，我高兴得想跳起来，我充满了成就感。

但没想到，稻盛这次戒烟只戒了三个月。不过，稻盛虽然又抽烟了，但抽得不多，有时抽两口就马上把烟熄灭了。所以，我的劝诫，还是起了一定的作用。稻盛告诉我，年轻时，他一天抽两包烟。

2014年6月30日在杭州的阿里巴巴太极禅院，在与马云以及他的干部们对话时，稻盛说："日本有'酒肉和尚'的说法，指没有修行好的僧人，我的修行也还远远不够，我今年82岁了，我这个不良老人连烟也没有戒掉。"

我劝塾长戒烟是希望塾长健康长寿。但稻盛塾长觉得自己已经活得够长了，他已经没有活得更长的欲望了。不久，我也看出了这一点，所以，后来我就没有再执意劝他戒烟。

附件　劝戒烟书

稻盛塾长，您好！

1700名参会者聆听您的"领导者的资质"的讲演，可谓全员大感动。其实我在翻译这篇讲稿时，感动、感激、感谢以及兴奋之情就难以抑制。我读过许多有关领导者和领导力的书籍，但像您这样讲的，可以说"前无古人，今无他人"。您的讲话最接近天理良知，最围绕实际，最具有普遍性，最能深入听众的心。同时80岁的您讲话时，那专注的神态，那逼人的气势，令全场肃然起敬。

然而，前天和您一起参观"大足石刻"时，没登几个台阶您就气喘了。那情景多次在我脑中浮现。我感觉心痛，不免深深担忧。当然作为一个80岁的老人，您已算相当健康，但同我心目中原有的塾长形象比较，我觉得您现在弱多了。不怕您嫌我啰唆，我劝您戒烟，我强烈规劝您一定要戒烟。戒烟说简单也简单，但我曾戒过几十次。戒了又抽，抽后又戒，反复多了，我太太就讽刺我是"猪八戒"。

烟并非味道好极了，也不是抽了就来灵感。抽烟不过是满足习惯性的接受刺激的欲望而已。

而且抽烟有害无益。明知抽烟不好却总戒不了，这也算一种"人之常情"。人的"意志"这东西真是不可思议。

三个月前我在福州讲演，有疲劳的原因，也因对自己准备的讲稿不满意而烦躁，洗澡后，在空调的冷风中，竟连续抽了五支烟，结果引发重感冒，第二天又讲课，喉咙疼痛，三个星期才痊愈。因这次痛苦经历，我才彻底把烟戒了。

看电视才知道，有的著名人物，即使是改变世界、意志坚强的人，也表示自己连抽烟的习惯都改不了。个性强，不太听得进医生的意见，最终死于与抽烟有关的疾病。所以说，抽烟是诱因，最后不得不戒，可惜悔之已晚。还有的人也曾烟不离手，否则他或许更长寿。很多伟大人物，往往听不进周围人们正确的、常识性的声音。

您对我说您曾戒烟 17 年，当了日航会长有压力有烦恼，才又开始抽烟。这点我能充分理解，我想这种情况下抽烟也无妨。但现在日航已有转机，情况之好，大大超出预计。因此，您已不必再烦恼，由着惯性继续吸烟的理由已经完全消失。

某博士在某大会上说："前年，稻盛塾长在北京讲演时，一声咳嗽，台下有位女企业家就流下眼泪。如果稻盛塾长有什么不好，塾生们会哭成一片的。"听到这话，我也禁不住热泪盈眶。

因此，塾长的健康虽是塾长个人的事，但又超出了个人的范畴。从小处说，塾长的健康牵动着塾长亲属和塾生们的心，从大处说，这个世界、这个时代需要稻盛先生健康长寿，这是了解塾长的全体有良知的人的共同的心愿。

恳切希望您早一天戒烟。最迟以日航重新上市那天为契机，把烟戒掉，今后一辈子不再抽烟，您看行吗？

您已同我握手约定。既然已经约定，我坚信塾长承诺必践，一定会信守不渝。

为了维持健康，除禁烟外，适当的运动也属必要。工作实在太忙，根本无暇运动。情况或许确实如此。

但是，再仔细想想，以忙碌为理由而放弃保持健康所必需的最低限度的运动，这就违反了事物平衡的原则，怎么说都不符合哲学，不符合辩证法。

我问您明年退出日航后准备做什么？您说要带着夫人来中国旅游。我举双手赞同，期待您务必付诸实行。

塾长已过伞寿八十，夫人已过 77 岁喜寿。在腿脚还能自由走动期间，一定要享受晚年的愉快人生。进入老年，不知何时会有何事，这就是人生。

后来您又说，两人一起出门，家里的猫怎么办？

家里养的猫固然也重要，但有时也不要为猫所缚，可托人代管。带着夫人一起出来旅游吧！忙乎了一辈子，可以闲散一下了，这也是一件重要的事。

致礼！

曹岫云

2012 年 6 月 6 日

16

哲学三问

2013 年 2 月 26 日，北京公司董事会会议后，稻盛招待我们用晚餐。事前并没有设置问答环节。席间，先是某董事问了一个有关稻盛为何投入佛门的问题。当我提出问题时，让我意外的是，稻盛塾长不但非常认真地回答，回答极其精彩，而且居然对我的提问大加赞赏。这就鼓励了我继续提问。因为过去没有人提过类似的问题，稻盛塾长居然说我的问题一下子击中了他的心，触发了他的思想。稻盛塾长居然称我为"中国贤人"，甚至三次提议，抽空与我喝一杯，展开稻盛和夫与曹先生的对谈，出一本两人的对谈集。

居然！居然！居然！怎么表达我当时的感受呢？用"受宠若惊"分量还不够。有些感受，话语文字实在难于言表。

下面将当时日方的录音整理如下。

关于科学、哲学和宗教

曹董事长：

稻盛塾长是科学家出身；又基于科学实验发明的新材料新产品创办了企业，成了著名的企业家；同时稻盛塾长又是哲学家，用哲学经营企业；稻盛塾长还对宗教有很深的研究，65 岁后皈依了佛门。对人类社会，对推动人类文明发展，影响最大的就是科学、哲学和宗教。这方面您最有发言权，在您看来，科学、哲学和宗教这三者之间是什么关系？这或许是一个困难的问题。

稻盛名誉会长：

现在我们人类生活的这个文明社会，可以说都是由科学技术带来的。同时，勃兴的商业发展构筑了人类社会的繁荣。就是说，科学技术的发展创造了灿烂的文明，同时，作为社会的经济系统，商品经济发挥了它的功能，让人们可以过上富裕的生活。

虽然科学技术不断发展构建了文明社会，但科学技术的发展有一个方向性的问题，就是说，科学技术是为了让人类幸福才去发展呢，还是单纯出于兴趣，因为稀奇稀罕才去研究呢？比如，人们发现了原子能，很有趣，很带劲，可以产生巨大的能量。如果是在谋求人类幸福这一哲学的基础之上，开发原子能当然很好，然而，如果与此目的背道而驰，朝着开发原子弹的方向发展，或许就会导致人类的毁灭。

同时，商品经济营造了当今社会的繁荣。但是，在这个体系中，"只要自己赚钱就好"的利己主义容易膨胀，正如在雷曼危机中表现出来的，那些强欲贪婪的资本家云集一起，为了自己的私利，为了少数领导者、少数资本家个人发财暴富，不择手段，带来了世界性的灾难。

因此，在现代商业社会的运营中，必须由哲学来指明方向，就是说，为了人类全体的幸福，个人要努力抑制自己的欲望。

所以，无论科学技术的发展也好，现代商业经济的发展也好，加入还是摒弃"利他"这一思想哲学的元素，结果将会迥然不同。

现在，曹先生提出了一个非常精彩的问题。但是我们这边的人没有谁录音吧（有人在录）。问题提得精彩，我的回答也精彩。应该把这个精彩的问答变成文字，在《盛和塾》杂志上刊登。提问的人如果不是优秀的人，如果提不出好的问题，那么，好的回答也出不来。如此优秀的提问好手，实在可贵，很难遇到。刚才的问答，包括宗教问题在内，你们可以交给经营研究部的粕谷先生去整理。

曹董事长：

塾长讲了科学和哲学的关系。宗教对于人类社会的影响呢？

稻盛名誉会长:

我讲的哲学中包含了宗教。

因为我自小受到佛教思想的熏陶,就跟佛教有了缘分。如果自己小时候受基督教的影响,或许后来就会成为基督徒。

无论佛教、基督教,还是其他宗教,虽然各不相同,但它们倡导的共性是劝人为善去恶。然而,即使是佛教,在日本就有许多宗派,有净土真宗、禅宗等,它们都互相对立。释迦牟尼教导的真理只有一个,但一旦出现派阀,就会把派阀的利益放在前面,势必引起纷争。同样,因为宗派林立,宗教根底处的真理反而被忽视,为了维护自己的宗派,人们变得狭隘和偏激。其实同根同宗,根本目的都一样,各种宗教理应和睦共处。

曹董事长:

说到哲学,有希腊的哲学,德国的哲学,等等,但是,稻盛哲学与以往的哲学有微妙的差异。稻盛哲学把"利他"放在哲学的中心。希腊哲学等是思辨的哲学,讲究逻辑。稻盛哲学与此有本质的区别。有人说辩证法本身就是哲学。而稻盛塾长把利他、把"作为人,何谓正确"放在哲学的中心,这样的哲学过去没有。

关于方程式中的"思维方式"

人生·工作结果 = 思维方式 × 努力 × 能力
（-100 ~ +100）（0 ~ +100）（0 ~ +100）

曹董事长：

在稻盛人生方程式的三要素中，"思维方式"也就是哲学这一要素有没有先天性呢？稻盛塾长经常讲，方程式中的"能力"有先天的部分，如智商等；"努力"则由自己的意志决定；而"思维方式"要靠自己在生活和工作中修炼，就是说，要靠后天提升心性的努力。但是，比如说，塾长与兄弟姐妹共七人，为什么就塾长一个人的思维方式特别卓越。这个三要素中，"思维方式"应该也有先天的部分吧。为什么父母相同，生长的环境相同，兄弟姐妹差距却极大。另外，就"能力"而言，学习成绩等，比塾长更优秀的，不乏其人。但根据人生方程式，而且事实也是这样，对结果来说，"思维方式"最重要。"思维方式"当然有后天的部分，即在工作中努力提升心性。但否定"思维方式"中先天的部分，许多事情就无法解释。

稻盛名誉会长：

曹先生，你向我提出如此尖锐的问题，这是前所未有的，过去从来没有人向我提出过这种触及事情本质的问题。正如你所说，以前，我一直不断地强调"思维方式"是后天的，我总是强调后天要不断提升心性，从来没有说过它的先天性。现在你的提问一下子刺中了我的心。

常常有这样的情况，当我夜里睡觉醒来时，会冒出一些念头。我也不知道是怎么回事，我经常冒出这样的想法："你要把这些思想给社会做解释，给人们做说明。你负有这样的使命。你要把你前世的思想带到现世。"

在这一点上，就是说，我是怀抱这个使命降临人世的。在睡梦中，在睡醒时，我常常会产生这样的感觉。

如果把这种感觉说出来，有人就会说，你又讲那些神神道道、不着边际的事了。所以，我只能把这种想法埋在心底。

但是现在，第一次听曹先生提到这个问题，让我想起了一件事。在我至今的人生中，我接到过一些陌生人的来信，有 10 ～ 15 封之多。当时我觉得这些信怪怪的，看后随手就丢了。信中说："你是从前世带着使命而来的。在前世，我就是你身边的一员。正因为你肩负使命，所以你要加油。要奋斗。"这样的信从日本偏僻的农村中来，由素不相识的人寄来，有好多封。"在前世，我是你亲密的朋友。真的，你是肩负着重大的使命，肩负着神的使命来到现世的，你一定要加油。"

收到好多次这样的来信，当时我想，写信人大概不太正常吧，于是付诸一笑，置之不理。

稻盛名誉会长：

我讲演时说了一些话，曹先生觉得刻骨铭心，所以曹先生这么多年做了这么多工作。

我似乎讲了许多金玉良言，但我只是个搞技术出身的人，毕业于理工科的人，没有任何文学方面的素养，究竟为什么能够说出那么多精辟的话，我自己也觉得不可思议。这不是我后天的头脑里想出来的，而是冥冥中有人借我的嘴说出来的。这样的情况很多。

曹董事长：

我听过、学过许多伟大人物的话，但塾长的话，11年前我第一次听到，只听了一次，"就是它""这就是我梦寐以求的真理"，我瞬间产生这种强烈的感觉，这是过去从来没有过的感觉。因为，此前从来没有人把真理讲得如此简明透彻，触及内心。

稻盛名誉会长：

　　曹先生把话说到这个份上，我也被触发了。今天的对话太好了，都是真价实货。

关于判断基准

曹董事长：

　　判断事情有基准。测物体的重量用秤，测物体的长度用尺。判断事情也有基准，判断任何事情都有相同的基准。在 11 年前，初次与塾长见面，听塾长这么说，我大吃一惊。点明判断事情有基准，这太伟大了。判断事情的时候，要用心中的"良知"做基准进行判断，良知即天理。用良知判断就符合了天理。不管中间遭遇多少曲折，最后一定会成功。

稻盛名誉会长：

这话也讲得好。这个曹先生果然不简单。既然这样，不妨找一个机会，我们喝一杯，做一次对谈，编一本稻盛和夫与曹先生的对谈集，就很好嘛。曹先生刚才说的话很了不起。

说到判断事情所需要的判断基准，我们知道，比如测量物体的重量，在英国有"磅"作为单位，在日本，测长度有一尺、二尺作为单位，测重量有一贯、二贯作为单位。世界各地都不一样，度量衡都不同，各国都不统一，事情就不好办。所以要改变，要统一于一个世界标准，比如千米、千克。现在还有保留下来没有变的，比如磅等单位。但是，说到"思维方式"的尺度，说到判断事情的基准，稻盛以前几乎没有人提出过。曹先生说，这非常了不起。

思维方式多种多样，以什么基准来判断事物，也因人而异。然而，稻盛先生却提出了一个明确的、正确的判断基准。曹先生是这么说的。

确实，大家都有不同的判断基准，各个宗教有各自的判断基准，各个国家也都有各自的判断基准，它们都有微妙的差别，这是很明显的。比如测距离的单位，有用英里的，有用公里的；测重量的单位，有用一贯、二贯的，中国有中国的单位，各国都不同，这就需要有一个全世界共同的基准，就是所谓千米、千克，但到今天为止还没有完全统一。

在思维方式中，在哲学中设置基准，"稻盛塾长明确地提出了这一判断事情的基准，真的太了不起了！"曹先生是这么说的。我自己当然不能这样自吹自擂，因为那样就显得脸皮厚了。而作为听者，曹先生这么一讲，就让我觉得果然如此。

曹董事长：

这个判断基准也就是良知，"良知即天理"。

稻盛名誉会长：

这个"良知即天理"是金句，非常宝贵。

曹董事长：

所谓"天理"十分抽象，不可思议，但它同我们心中的"良知"，即"作为人，何谓正确"是一个东西，就是说，只要按照良知来判断就是符合了天理。这样就能产生自信，成为信念。

为什么这么说？因为现在有些地方腐败猖獗。腐败违背良知，违背正确的判断基准，大家都知道不对，但明知故犯，这就是人。所以，只要"把作为人应该做的正确的事情，以正确的方式贯彻到底"就行了，只要遵照塾长讲的这一句话去做就行了，只要做到这一点，这个世界就会变成一个干净的、和平的、美好的"大同世界"了。

京瓷、KDDI大约有10万人，都遵循这个判断基准行事，在某种程度上已经实现了全体员工物质和精神两方面的幸福。这是几千年历史中圣人贤人追求的理想的境界，塾长领导的京瓷、KDDI，再包括日航，共有约13万名员工，某种程度上已经达到了物心两面的幸福。

稻盛对这三个问题的回答精彩而且意味深长。从稻盛几乎不假思索、脱口而出的阐述中，我产生了一种感觉，我觉得稻盛对人类社会、人类历史，对人生和工作中的所有的重要问题，他都认真思考过，而且都透彻思考，思考明白了。把应该想的问题都想通了，这是思想家的本色。不过，有些问题，要别人问了，他才好讲。别人不问，他自己不便讲。另外，我想，有的问题，即使有人问了，他也不会说，至多点到为止。这种情况，应该也是有的。这是我的感觉。

"作为人，何谓正确"这一判断基准，究竟是从哪里来的？后来，我又两次当面追问稻盛塾长。稻盛的回答在这里不便透露。亲爱的读者，您认为答案是什么呢？

17

我论稻盛和稻盛评我

2013 年 10 月 13—14 日，在成都举办稻盛和夫经营哲学报告会。稻盛因为转机，13 日到达成都的宾馆时已经是夜里 11 点多，当我把他送进房间后，他却把我留住，他送给我一大瓶高级的威士忌酒。他说，他看了我"关于稻盛哲学的 11 个问题"的日文稿，非常高兴。

第二天一早，他又表示，他要对我的论文进行讲评。这又一次让我意外而且感动。因为一般他只对企业家的实践体验报告进行讲评。对论述他的哲学的发言进行讲评，是从来没有过的。

10 月 13 日，我第一个发言。内容如下。

最近常有媒体采访我，也有企业家向我提问。我归纳为如下 11 个问题，并作简要回答。

1. 你第一次见到稻盛的时候有什么感觉？

在 2001 年 10 月 28 日这一天，我在天津第一次见到稻盛和夫先生，聆听了他"经营为什么需要哲学"的讲演。当时我有一种一见如故、相见恨晚的感觉。稻盛说，人生是有方程式的，判断事物是有基准的，办企业是要明确企业目的的。这些话之前我从没听说过，自己也从没认真思考过。我不知道用什么语言来形容我当时的感受。孔子说"朝闻道，夕死可矣"，明白了人生的真理就是人生最大的幸福。

我当时就有一种直觉，觉得在自己的人生中，能遇到稻盛这样的人物来做自己的老师，有稻盛哲学来指引自己的工作和人生，是我莫大的幸运。所以一个月以后，我就专程去日本拜访京瓷公司，买了稻盛在日本出版的全部著作和当时一共44期的《盛和塾》杂志，并如饥如渴地埋头阅读起来。可以说同许多企业家和学者一样，从接触稻盛开始，我的人生分成了"稻盛之前"和"稻盛之后"两个阶段。

2. 稻盛哪句话对你触动最大？

"判断一切事物都有相同的基准"，这句话对我触动最大。比如，世界上质量、长度的基准都不一样。但后来度量衡统一后有了国际标准单位，比如质量单位克和千克，长度单位米和千米。这些基准都统一了。

那么，"作为人，何谓正确"这个判断事情的基准能不能为人们所共有呢？这个可能性存在吗？答案是存在这种可能性。因为每个人的内心深处都有良知，都有真善美，只要把人的这种本性发扬光大就行。

日航重建在短时间内取得了卓越的成功，这个事实就是一个巨大的证明。原来价值观很不一致的32 000名日航员工共有同一个判断基准，或者说，稻盛用他的良知激发了全体员工的良知，全体员工的力量和智慧发挥出来，日航的成功就水到渠成了。

3. 在你心目中稻盛和夫是怎样一个人？

稻盛本身是科学家，他在 24 岁左右就有重要的发明创造。他和他的团队开拓了"又一个新石器时代"，在广泛领域内拥有尖端的技术。但他出名的身份却不是科学家，而是企业家，他创建了京瓷和 KDDI 两家世界 500 强企业，还拯救了日航。举世瞩目的经营成果让稻盛名扬天下。但我认为稻盛本质上是哲学家，而且与一般的哲学家不同，他是一位彻底追求正确思考和正确行动、利他的哲学家。

另外，听说在经营京瓷的时候，稻盛非常严厉，但或许因为我不是日本人而是中国人吧，稻盛对我比较客气。最近一年多来（2013 年前后），我几乎每个月都有机会同稻盛见面。我感觉他虽然有严肃的一面，但更多的是亲切，谦逊，有时还很幽默，常常引得满堂大笑。他不但善于同你平等交流，而且极度认真专注。他往往一下子就触及事情的核心。他讲话充满哲理，娓娓道来，细致透彻。同他交流是一种特殊的精神享受。

还有，在我的心目中，稻盛是人不是神，我们毫无必要去神化他。有人说稻盛是圣人，稻盛回答说："我才不是什么'圣人'呢，我只是一个极为普通的男人，如果我是'圣人'，那么，只要你们同我有一样的想法、像我一样努力的话，你们也能成'圣人'。"

稻盛有时也会朝令夕改。

稻盛年轻时抽烟，每天两包，后来戒了17年；去日航的时候，因为有精神压力，又抽上了。我竭力劝他戒烟，他果然戒了，但很可惜，只戒了三个月，现在又抽了。可见稻盛是同我们一样的凡人。他至今（2013年，编者注）仍然坚持天天反省，这是非常正确、非常必要的。

4. 你认为稻盛哲学是什么？

哲学有很多定义，比如，哲学是追究宇宙人生终极真理的学问。哲学是自然科学与社会科学的结晶。哲学是说明存在与意识、物质与精神、客观与主观、实践与理论的关系学问。哲学有唯心论和唯物论等。但稻盛哲学是用来实践的，所以稻盛对哲学的定义是：用来规范和指导人们一切言行的根本思想。

5. 你认为稻盛哲学有什么特征？

我认为有四个特性：简朴性、实践性、道德性、辩证性。

①简朴性：稻盛刚刚创业时，28 名员工中大多数只有初中学历。稻盛要用他们听得懂的语言给他们讲哲学，让他们理解、接受，并与他们一起实践。说到哲学，让人觉得是深奥抽象的学问，是少数学者专家的事，但稻盛善于用朴实的语言表达深刻的思想。稻盛哲学没有任何难懂的哲学术语，它深入浅出，却又有感动和召唤人心的力量。

②实践性：稻盛与以往的哲学家不同，因为是科学家出身，年轻时就有重要的发明创造，而且 27 岁就创办企业，所以他的哲学来自亲身的实践，包括开发新材料、新产品的科学实践和经营企业实践，当然也包括生活实践。从实践中来的哲学，又要反过来指导经营实践，使事业获得巨大发展。而经营实践又使哲学不断丰富。这种从实践到理论，又从理论到实践的、紧密的、反复的循环，使实践和理论达到了高度的平衡、完美的统一。

③道德性：就一般概念来说，哲学是哲学，道德是道德，两者虽有联系却分属于不同的范畴。但稻盛哲学则把道德放进了哲学，以"作为人，何谓正确"，也就是以"利他之心"思考、判断和行动成了稻盛哲学的核心。这在其他哲学中是罕见的。

④辩证性：稻盛哲学强调兼备事物的两极，比如利

己和利他、大善和小善、大胆与小心、慈悲心和斗争心、大家族主义和市场竞争主义等，比如，经营者对员工既要关心爱护又要严格要求，两者要高度平衡。这是每天的工作中都面临的课题。

6. 稻盛哲学对你个人最大的影响是什么？

我认为有两个方面。一方面，判断和决定事情变得轻松。事情复杂化，无非因为自己夹杂私心，有许多算计。从私心的束缚中解放出来，肯做自我牺牲，问题就单纯化，事情该怎么就怎么办，部下就会信任甚至尊敬你，你也可以向他们提出更高要求。

另一方面，多了信念，少了担忧。因为事情从决策到产生结果之间，有一个过程，在这个过程中，自己往往会担心甚至焦虑。但学了稻盛哲学，强化了一种信念，那就是只要做事的动机是善的，实行的过程也是善的，就无须担心它的结果。好的结果的出现只是时间问题，而且好的程度甚至超出自己原来的预想。

在中国传播稻盛哲学有许多障碍，但因为有了信念，我就很少有担忧和不安，即使在中日关系出现问题时，我们盛和塾的学习活动仍然照常进行。

7. 如何评价稻盛的经营理念？

经营理念，又叫企业目的，稻盛29岁的时候，在处理 11 名高中学历的员工集体辞职的痛苦经验中，领悟并制定了京瓷公司的经营理念，就是在追求全体员工物质和精神两方面幸福的同时，为人类社会的进步发展作出贡献。

这句话看起来很朴实，语不惊人。但它却被放在稻盛"经营十二条"规律的第一条中，就是说，它是正确经营企业的前提。

这个理念的特点是把追求员工幸福放在首位。企业经营究竟是员工第一？还是客户第一？或是股东第一？至今争论不休。

有股东投资才有企业，客户买你的产品企业才能生存，没有国家的保护和支持，企业也难以发展。然而，股东、客户并不能代替你来经营企业。实际负责企业运行、每天进行企业生产经营活动的是包括经营者在内的全体员工。如果全体员工都很尽责，每天都在各自的岗位上努力工作，发挥自己的聪明才智，齐心协力，精益求精，那么，企业就能凝聚巨大的合力，企业就能持续发展，长期繁荣。这样就能不断给客户提供令他们满意的产品和服务，才能让股东获得稳定的回报，才能向国家多交税，才有能力开展各种社会公益活动。这个道理并不复杂。

追求全体员工物质和精神两方面幸福，同时又为人类社会的进步作出贡献。我认为这个理念虽然朴实却非常伟大。

......

8. 稻盛哲学和儒释道有何异同？

稻盛讲的"利他"同儒教的"仁"、道教的"道"、基督教的"爱"、佛教的"慈悲"以及王阳明的"良知"本质上是一回事。

虽然稻盛受儒释道的影响很深，但从根本上讲，稻盛哲学是稻盛先生从自己的生活、工作和经营的实践中，在痛苦烦恼中，在不断的自问自答中自己悟出来的。稻盛在30岁前后已经相当完整地、非常清晰地构建了他的经营哲学和人生哲学。当然在这过程中，以及在后来的岁月中，他又把儒释道和东、西方的其他许多优秀文化融入他的哲学之中。

我觉得用"不谋而合、殊途同归"这八个字，来形容稻盛哲学与儒释道的关系比较合适。比如，稻盛把"作为人，何谓正确"当作判断一切事物的基准，这同王阳明的"致良知"异曲同工。所谓"致良知"就是把良知发挥到极致，就是事事对照"良知"，换句话说，也就是事事都要对照"作为人，何谓正确"来判断和行动。

包括儒释道在内，中国几千年历史中产生的思想文化瑰宝，对于企业家修心养性、提升个人品格具有积极的意义。但是，在以家庭为单位的、自给自足的自然经济和封建专制统治之下，当时的社会组织没有也不可能产生现代企业这样的组织形式，更没有现代企业经营管理的哲学和模式。传统文化中有许多东西已不适应现代社会。同时，文言文，之乎者也，对缺乏古文素养的人很是头痛。因此直接靠所谓"国学"，直接靠儒释道去教育企业员工，改变员工的行为，实际上有很大的困难。

稻盛除了是科学家、企业家、哲学家，还是教育家。稻盛哲学吸收了儒释道的精华，融会贯通，将它成功地应用于企业经营。从这个意义上讲，稻盛哲学是现代商业社会的儒释道。同时，稻盛哲学还吸收了西方的科学、科学管理以及优秀的人文精神。从这个意义上讲，稻盛哲学是集古今中外优秀文化之大成，并成功应用于现代企业经营的典范。

某集团的董事长，他不但参加过包括儒释道在内的各种培训班，还专程去美国哈佛大学、西点军校和英国剑桥大学、牛津大学研修经营管理，但在接触稻盛哲学特别是去日本游学以后，他说了三句话。

（1）稻盛哲学是值得本企业乃至所有企业深度学习

的思想。

（2）在稻盛哲学中我不但找到了企业的方向，而且找到了人生的意义。

（3）今后，我这一辈子只做一件事，就是学习、实践和传播稻盛哲学。

我觉得这位董事长的话代表了中国盛和塾企业家的心声。

9. 稻盛哲学适用于中国企业吗？

稻盛的信条是敬天爱人，稻盛哲学讲"以心为本"，讲"作为人，何谓正确"。我们都是人，都有心，因此稻盛哲学不仅超越行业，而且超越国界，超越民族和文化差异。

事实上，盛和塾8000多名企业家中，不但在日本有接近100家企业已成功上市，而且在美国有兰花大王，在巴西有香蕉大王。在中国，有一大批企业都在认真学习和实践稻盛哲学，有的已经取得了显著成效。在中国企业家塾生中，像做二手房生意的伊诚地产，做建筑软件的广联达等企业，他们的目标不仅是中国第一，而且是行业内世界第一。而稻盛哲学就是他们实现这种高目标的思想武器。

稻盛哲学围绕实际，具有普遍性。稻盛先生离我们心灵的距离很近，我们每个人都能从他的思想中吸取力量，成为我们不断前进的动力。稻盛和夫是这个时代的榜样，不仅日本，整个世界都需要稻盛和夫这样的人，需要稻盛哲学这样的思想哲学。

当然，信奉利己主义又不肯反省的人，确实难以理解和接受稻盛的利他哲学，更不愿意去实践，但这是他们自己的问题，而不是稻盛哲学的问题。

10. "盛和塾现象"有什么含义？

盛和塾是稻盛塾长向企业家塾生义务传授企业经营哲学和实学的道场。从1983年起已有30多年的历史。塾生人数超过8000名，而且还在快速增加。

向成千上万、各行各业、大大小小的企业家传授企业经营的真谛，这是古今东西、整个人类历史上独一无二的现象。

2500年来，东西方有许多卓越的思想家、哲学家，但他们却没有经营企业的经验。自200多年前英国工业革命产生现代企业以来，包括当今世界，虽然有许多杰出的大企业家，但他们都没有成为思想家、哲学家。

另外，西方的管理学，包括各种商学院传授的经营管理的知识，偏向于方法技法、方式模式，总是在"术"的层面打转。理想的企业应该是怎样的？究竟如何正确地经营企业？怎样才能让企业持续成长发展？对于这样的问题，不但儒释道中没有现成的答案，现代商学院也无力解答。

而既是企业家又是哲学家的稻盛，已经把自己丰富的经营经验提升到了哲学的高度，成为正确经营企业的、普遍适用的原理原则。而这种哲学的正确有效，不仅在京瓷、KDDI、日航得到证实，而且已经被盛和塾上万家企业的实践所证明。简单地讲，只要你认认真真实践稻盛的"六项精进""经营十二条"，在一两年之内，你的企业就能成长为高收益的企业，就如日航一样。

另外，稻盛还是一个无私忘我的人，一个谦虚朴实的人，一个平易近人的人。同他的思想一样，他的人格也充满魅力。

稻盛是众多企业家的经营之师，稻盛哲学倡导利他主义，盛和塾现象世所罕见，应该引起全世界更大的关注。

11. 企业导入阿米巴经营模式究竟难不难？

有人说实践稻盛哲学很难，导入阿米巴经营模式难上加难。

首先，究竟难不难？这是一个禅性问答。天下事有难易乎？为之，则难者亦易矣；不为，则易者亦难矣。

阿米巴经营是分部门核算的一种经营方法。根据企业规模和行业的不同，阿米巴经营的复杂程度也不同。根据导入成功的企业的经验，在初始阶段，因为企业要增加许多事务性工作，所以做起来有点烦琐；但养成习惯后，因为企业能达到生产与市场挂钩，培养经营领导者和全员参与经营的目的，所以好处很多。

在阿米巴经营模式中，各阿米巴不但要独立核算，追求自己的效益，还要考虑相关的阿米巴和企业整体的利益。另外，阿米巴的数据要真实可靠，不能弄虚作假。因此在导入和实行该模式时，利他的哲学必不可缺。日航也是在稻盛进入日航14个月以后才正式实施阿米巴经营模式的。

有的企业在导入阿米巴经营模式后遇到障碍或出现反复，这时经营者的态度十分重要。稻盛说："阿米巴经营的成败取决于经营者的意志。"这是经验之谈。

最后，我写一副对联赠送稻盛先生：

唐代鉴真东渡日本传汉文

今朝稻盛西飞中国授哲学

谢谢稻盛先生，谢谢大家！

稻盛对我的发言当场进行了点评，他说：

　　曹先生，真的非常感谢您。听了您的一番话，我有一种深切的感受，我觉得，对于我的经营哲学，像您这样，有如此深刻理解的人，恐怕全世界也没有吧。

　　您的理解确实很到位。但是，听您的发言，我又感到，您对我的评价太高了，过分抬举我了。我并没有那么伟大、那么了不起。我不过是同大家一起，在经营企业的过程中吃苦耐劳，恶战苦斗，拼命工作，一路走来，今年（2013 年）81 岁了。

　　我总是想，我应该把我自己在艰苦奋斗中所积累的经营的经验、体悟，尽可能传授给更多的人，让像我一样、正在辛苦经营企业的同人们能够稍微轻松一点、舒畅一点、高兴一点。为此，我才不敢懈怠，一心一意，努力至今。

　　而您深刻地理解了我的行为和我的哲学，并做了精彩的解说。真的非常感谢您。就说这些。

稻盛说，我对他的评价太高了。但我遣词造句非常谨慎。我对稻盛的评价没有一句是过头的。

在次年年初的董事会会议上，稻盛给了我一份由清华大学某副校长率领的访日团的名单和访日日程。该代表团通过鹿儿岛的知事（县长）介绍，希望访日期间能见到稻盛和夫。

因为稻盛的日程早就排满了，稻盛就请他的秘书复印了我的"关于稻盛哲学的 11 个问题"的中文稿，并说，把这个交给他们代表团学习参考就行了。

稻盛对我说，盛和塾人多些少些没关系，您只要到处去讲这 11 个问题就行了。

在第二年的杭州报告会上，我又加上了一个问题："稻盛哲学是从哪里来的？"

后来我遵照稻盛塾长的嘱咐，以《关于稻盛哲学的 12 个问题》为题，去各地做了多场讲演。

18

稻盛与我辩论

由我提议，经稻盛同意，中日合资的京瓷阿米巴管理顾问（上海）有限公司（后文简称上海阿米巴公司）于 2012 年 6 月设立。董事长由京瓷副会长、日本京瓷阿米巴公司（后文简称京瓷阿米巴公司）会长 S 君担任。我任副董事长。我提议稻盛当名誉董事长。

S 君是稻盛的鹿儿岛同乡，同稻盛一样，也毕业于鹿儿岛大学，1967 年即京瓷成立第八年时大学毕业，直接进入京瓷，算得上是京瓷的元老了。

头两年上海阿米巴公司的经营还算顺利，每年都盈利。但到 2014 年年初，S 君突然提出，京瓷阿米巴公司要向上海阿米巴公司收取佣金，佣金数额是上海阿米巴公司年营业额的 10%。理由是阿米巴经营是京瓷的专门技术（know-how），京瓷派往上海的经营顾问是由京瓷培养的，京瓷培养这些顾问是花费了成本的。

但是，在合资企业的章程中却没有，而且根本不可能有这一条。相反，章程中规定，"向中国企业推介阿米巴经营咨询业务提供必要的人力、知识及技术支持"乃是日方的义务。这是日方投资者的本分，这是理所当然、不言而喻的。

本来，在我向稻盛提议在中国成立阿米巴咨询的合资公

本原理时，稻盛决不会叶公好龙，决不会说一套做一套。

但是，2014 年 4 月 10 日的董事会会议的气氛很紧张。日本盛和塾的友人和翻译在场外焦急地等候结果。在会上，S 君重申了他收取佣金的主张，并准备好了决议文本。

我有备而来，当场讲了六条反对理由。

第一，在改革开放后，我在无锡市政府的经济部门工作了 10 年。当时中国政府对外资企业采取了企业所得税二免三减半的优惠政策。无锡是日本企业集中的城市之一，有很多很多日本著名企业，如索尼、松下、夏普、村田电子、住友、普里斯顿（常译作普利司通轮胎）、阿尔卑斯体育用品等。免税期一过，包括某些日资在内的外资企业，就不愿再做出许多利润。他们把产品的出口价压低，把零部件等进口价抬高，从而有意识地减少利润，甚至让企业账上出现赤字，以避免交税。尽管账面亏损，但外资企业的规模却不断扩大。所以中国的税务部门认为，这些外资企业很狡猾。因此，他们对佣金、回扣等企业减少税前利润的行为非常敏感。S 君提出要收取 10% 的佣金，中国的税务部门决不会允许。即使 5% 的佣金也将严格审查。

第二，因为佣金是销售额的5%，这决不是一个小数目。这不仅涉及中国政府的税金，也涉及有关合资伙伴即我方利益的问题。如果日方想要收取佣金，应该在合资当初就提出和讨论这个问题。据说日方忘掉了这一点，这么重要的问题怎么能忘掉呢？这首先就是一个大问题。如果合资当初日方就提出这个条件，我们就根本不可能与京瓷谈合资，合资企业就根本不可能成立。

第三，上海阿米巴公司，是把向中国企业导入阿米巴经营作为工作的公司。提供阿米巴经营模式，派遣掌握阿米巴经营模式的专业人才，是这家公司设立和运行的前提条件，是这家公司本来就应该具备的基本素质。公司以此向中国企业提供服务并获取报酬，并向包括咨询顾问在内的员工发放工资。如果做出利润，就分配给投资者（日方占80%）。这是咨询公司理所当然的义务，也是日方出资者京瓷阿米巴公司理所当然的义务。作为子公司的上海阿米巴公司需要向母公司购买技术，这样的问题，本来就不存在。

吸引日资企业到我的家乡无锡来投资办厂，这项工作我做了25年，我自己经营与日资企业的合资公司也已经有22年的经验。日方当然会教给我们生产技术、管理技术等，并与中国的合作伙伴一起开拓市场，如果做出利润的话，或者会分配，或者会留存。但日方投资者因为提供技术等而要求收取佣金的，从未有过，也从未听说过。

第四，不管做什么生意，不管具备多么优秀的技术技法，获取客户首先是第一重要的。上海阿米巴公司的客户，无论是参加培训班的客户，还是导入阿米巴的企业，最初两年，几乎全部是由我和中方另一位董事介绍的。比如，第一号客户某家纺企业，因为阿米巴的咨询费实在太高，他们很难接受。是我多次去这家家纺企业做说明说服工作，他们才勉强同意的。

如果说，投资的某一方有权向子公司索取技术佣金，那么，另一方向母公司索取介绍客户成交的介绍费，也很正当。然而，我们认为，作为投资者，为了支持新公司而介绍客户，这是理所当然的义务，索取佣金之类的念头，我们压根就没有。

第五，上海阿米巴公司的副总经理小过，原来是我的一家企业的总经理。他不但是一位有人格的人，而且懂日语，并担任过有1600名员工的日资企业的社长。他现在在上海阿米巴公司的作用，一点也不亚于任何一位日本的咨询顾问。无论公司的前总经理、现总经理，包括S君本人，都认可这一点。

派遣小过到上海阿米巴公司，对我自己原来的公司实际上也是一种损失。但是，对中国而言，阿米巴经营意义重大。而上海阿米巴公司的领导层如果都是日本人，我认为，工作很难顺利推进。我觉得，即使做出自我牺牲也必须支援上海阿米巴公司，这才毅然决定派遣。日方认定，派遣了日本顾问，除了顾问的工资，还要另收佣金。按照此理，我派遣了优秀的副总，也应收佣金。但这种荒谬的要求，我连做梦也没有想过。

第六，同稻盛哲学一样，阿米巴经营也是稻盛塾长亲自创立的。如果说，阿米巴经营是所谓 know-how，那么，可以说稻盛哲学更是 know-how 的集大成者。如果稻盛塾长想要收取佣金，那么北京公司应该支付更多更多，也不足为奇吧。但是，我想，稻盛塾长从来就没有任何这方面的考虑。

基于以上理由，我说，实在很抱歉，S 君关于佣金的提案，我无法赞同。

我讲完后，接着就是辩论。让我感到意外的是，稻盛塾长亲自与我辩论。

我说，比如我同日本企业合资办服装企业，合资的日方下订单，我们做好后，对方销售给日本客户，获取商业利润。合资企业做出利润，合资双方分配，这是企业利润。日方既获得商业利润，又获得企业利润。但除此之外，日方还想获得技术指导费、管理指导费，这闻所未闻。再比如，丰田在中国办汽车的合资企业。丰田把零部件卖给合资企业赚钱，合资企业做出利润，分配时丰田又赚钱。但从没听说，丰田还要赚合资企业的技术或管理指导费的。

稻盛反驳说，我们京瓷也是这样的。但阿米巴经营是特殊技术，另当别论，应该收取佣金。

我说，阿米巴技术再特殊，没有客户，企业连收入都没有，佣金从哪里来？我虽然是副董事长，但不拿这个公司一分钱工资。你们京瓷可以索要佣金，我也完全可以索要客户介绍费。这个比例也决不会小。没有客户，特殊技术无用武之地，连咨询顾问的工资都发不出，何谈佣金？

S君说，客户介绍费问题以后再讨论。

我说，某家纺企业的项目是我介绍的。该家纺企业花了咨询费400万元，因为选题不当，结果咨询不成功。结果作为上海盛和塾理事长的该家纺企业的总经理因此退出上海盛和塾，上海盛和塾人数大幅缩水。在这种情况下，日本京瓷阿米巴公司还好意思索要佣金？

稻盛说，咨询失败是咨询的企业的责任，不是阿米巴咨询公司的责任。

我说，稻盛塾长这么讲，当然也有道理。咨询公司不过提供方案，方案要实行，要做出结果，主要还要靠企业自己。但是，上海阿米巴公司至今已经咨询了10家企业，可以断言成功的，一家也没有。如果咨询的企业都无法断言成功，负责咨询的公司难道一点责任也没有吗？

此时，某副总（日方董事之一，中国人）插话说，请问曹会长，什么叫成功，什么叫失败？

稻盛说，这还用问吗？咨询以后，企业销售额上去了，利润上去了，这就叫成功，否则就不是成功。

稻盛说着，便用眼光扫了一下另四位日方董事，等候他们举出成功的案例来反驳我。不料他们面面相觑，竟然没有一个人有底气举出一家成功的案例。

见状，稻盛又回头，问了中方另一位董事的意见。他的观点同我完全一致。

稻盛便大声宣布"否决！"就是否决了 S 君提出的佣金方案。稻盛又说，日方要猛烈反省！紧接着稻盛宣布散会。

散会后，我走出会场，为我担心的日本盛和塾的朋友们一块石头落了地，我也松了一口气。

虽然稻盛事先听了并信了 S 君的一面之词，认为我们是为了争自己的利益，但他却并不固执于其先入之见。在辩论中发现我们有理有据，就马上转变态度，果断地否定了他的得力助手的意见，让人肃然起敬。

19

好事多磨

事情总是曲折的。稻盛否决了上海阿米巴公司的佣金提案，并要求日方"猛烈反省"，但却不见上海阿米巴公司的四位日方董事有任何反省的迹象。不过，这件事从 2014 年 4 月 10 日至 9 月 21 日止，暂时沉寂了几个月。

让人意想不到的是，忽然波澜再起。过了五个多月，S 君居然老调重弹。也不知道他用了什么手段，把已经被稻盛当场否决的决议案，原封不动地拿到上海阿米巴公司，而且签上了包括稻盛和夫在内的五位日方董事的大名。明摆着，他要逼着我们中方两位董事签字同意，否则，就以多数的优势，强行通过。

S 君蛮不讲理的做派，当然不会让我屈服。于是，我提笔给稻盛写了一封信。现在回过头来看，这是一份很有价值的资料，其中包含的许多信息，发人深省。

不讲哲学的阿米巴经营终难成功

稻盛塾长，您好！

关于京瓷阿米巴管理顾问（上海）有限公司的现状及问题，请允许向您报告我的若干意见。

（1）2011 年 1 月，在中央电视台第二次《对话》拍摄结束后的那天傍晚，在火锅店海底捞与塾长一起晚餐时，我向塾长提出请求："我们正在中国普及稻盛哲学。有中国企业家很想导入阿米巴经营。如果可能的话，希望在中国也成立一家像日本京瓷阿米巴公司那样的阿米巴咨询公司。"当时，塾长回答说："如果要做的话，那就要做成中国第一的咨询公司。"

（2）此后，塾长提出建议，由中方公司出资60%，日本京瓷阿米巴公司出资40%，设立阿米巴的合资公司。但会长S君则表示强烈反对，他主张日方至少要占80%。当时我认为，如果能尽早向中国企业导入阿米巴经营，做出实践稻盛哲学和阿米巴经营的成功典型，对于稻盛哲学在中国的普及意义重大。在这种指导思想下，我当即同意了日本京瓷阿米巴公司出资80%，中方出资20%的方案。

（3）然而，某家纺企业导入阿米巴经营不成功……但直到现在，S君仍然不承认某家纺企业的咨询是失败的。

（4）不重视哲学，只传授阿米巴手法，这首先就是问题。

S君的著作《全员赚钱的组织》，文章写得不错，但是其中有一节"在中国的超市导入日航阿米巴经营"，介绍在深圳的某超市导入阿米巴经营的情况。写了许多表面光鲜的事情。但是，这家超市付出了1000多万元咨询费，却出现了创业以来首次亏损。我深切地感觉到，如果不在哲学渗透上下功夫，只教手法，只讲究构建系统，那么，阿米巴咨询要取得成功是困难的，特别是中国的企业，更是如此。

（5）关于上海阿米巴公司的内部人事问题。S君一人独断，一意孤行，极不公正……

（6）9月22日董事会会议的目的是：哪怕我们中方董事坚决反对，也要依靠在董事会中，日方占多数的优势，强行通过会长S君有关佣金的提案。会议一开始，中方另一董事就提了两个问题。一是在今年4月10日稻盛塾长亲自参加的董事会会议上，稻盛塾长不但明确表示"否决"该提案，而且说日方需要"猛烈反省"。那么，现在S君再次提出同样的佣金提案，有什么新的理由吗？二是，S君做过什么反省呢？

针对提问，S君却强调：当时稻盛塾长没有提出"否决"，而仅仅表示了"撤回"。他这么说，如果不是出于他的记忆差错，那就是表明"为了通过自己的主张，即使歪曲事实也在所不惜"。这个态度令我方十分吃惊。幸好当时有录音。塾长说得一清二楚，当然说的就是"否决！"

京瓷的前社长伊藤说过："当京瓷哲学淡化的时候，京瓷的命运也走到了尽头。"我想，从局部来讲，在京瓷，这样的现象已经出现。

（7）在这里，再次一一重复我上次讲的六条反对理由，我已感觉厌倦。但我们中方感觉受到了欺负。所谓佣金，在利润之前收取。就是说，即使亏本也要先收取，即使吃掉中方投入的资本金也要收取。这么做，对于京瓷阿米巴公司当然非常有利，但对于中国政府，以及对于协作一方的我们，则明显不利。在这里，哪有京瓷利他哲学的影子？我也是经营者，在经济方面我并不困难，但这根本不是一个钱的问题。

阿米巴经营是稻盛塾长基于自己的经营哲学而构建的卓越的经营手法，但要让这种手法生效，哲学是前提。不管多么了不起的手法，在稻盛哲学并未普及的欧洲、美国，以及 10 年前的中国，连接受阿米巴咨询的土壤都不存在。这 10 年来，在稻盛塾长亲自指导和援助之下，我们努力将稻盛哲学在中国普及，换句话说，是我们创造了这个市场的基础，这可不是京瓷阿米巴公司做的。这一事实是否也应该承认呢？更何况连大多数客户也是我方介绍的呢。

（8）在 22 日的董事会会议上，在会长 S 君的坚持下，日方依靠人数多，通过了他的佣金提案。但我在签字时写下了"强烈反对"四个字。另一董事也签字"反对"。

（9）希望上海阿米巴公司同北京公司合作，先做出阿米巴经营咨询的成功案例，做出确凿的成果，这对于普及稻盛哲学和实学，一定可以起到巨大的作用。

上述各项意见，如能得到稻盛塾长的指教，我将感到十分荣幸。

曹岫云

2014 年 9 月 28 日

听说我给稻盛写信，S 君恼羞成怒，他干脆一不做二不休。他居然捏造我的意见，说我要召回中方过副总经理。不知道他究竟用了什么手段，竟然拿到了由稻盛等五位日方董事签名的解雇过副总经理的决议书。同时，他又指示公司前任总经理专程从日本赶来，劝说过副总经理自动退职。S 君的行为虽属卑劣，但除了拒绝在决议书上签名，我也只好继续给稻盛写信。这次的信由中方另一董事出面，此信也很有价值。特立此存照。此信名义上写给 S 君和现任总经理，抄送给稻盛和夫及日本盛和塾，但主要是写给稻盛看的。

S君董事长、现任总经理：

你们好！

收到两位的邮件，我感到非常吃惊，不知道过副总经理有什么过错，损害了合资公司的哪项利益，致使两位大动干戈，以至于公然违反咱们合资公司基本法规《合同》和《章程》，发来这份"董事会决议"。

我想谈自己的三个观点：首先，我与过副总经理认识三年，曾经邀请他作为翻译，三次帮助北京公司带游学团；也曾与他在盛和塾的活动中，在为上海阿米巴公司介绍客户的过程中密切合作，他的敬业态度、市场拓展能力、诚实、正直，从不计较个人得失的品格给我留下了很深的印象。并且我也从上海阿米巴公司日方的两任总经理、部分顾问和中方雇员，从上海公司的中方客户中侧面了解到大家对过副总经理的一致肯定和赞扬。我不理解这样一位人品优秀的人才，怎么会受到董事会的退任？请问，退任的理由是什么？是违反了公司的规章制度？还是损害了公司的利益？而且事实上，在客户营销方面，他也是上海阿米巴公司中最能说服客户接受阿米巴培训和咨询、对公司贡献最大的一位，这一点你们心知肚明，将他辞退后你们准备怎么办？

其次，请你们仔细翻阅合资公司的《合同》和《章程》，这是咱们三方签字生效，符合《中华人民共和国中外合资经营企业法》^①，并由中国政府部门正式批准的合法文件，该法是合资企业的根本准则，是合资企业之所以成为合资企业的基础。不知道签字的日方五位董事（包括稻盛和夫名誉董事长）为什么要违反这个合同章程中明确规定的"解雇副总经理必须通过董事会全体讨论"这一基本条款？我相信稻盛名誉董事长一定没有机会和时间仔细看这些条款，但是，作为董事长、总经理，你们两位在向稻盛汇报工作、提请他签字时，有责任、有义务向他如实报告和说明《合同》和《章程》中的有关重要条款，让他在正确信息的基础上做出判断，不要陷稻盛名誉董事长于不义……

最后，我建议由会长S君出面召开包括稻盛名誉董事长在内的全体董事会议，在这个会议上再次讨论有关佣金和过副总经理的免职问题。我希望你们用道理用哲学来说服我们，而不是简单依靠多数来压服我们，更不要像这次一样，用违反合同章程的办法强行通过你们的主张。

《论语》中有"君子和而不同"这句话。在具体问

---

① 已于 2020 年废止。

题上，双方持有不同意见是很正常的，但在中国传播稻盛哲学和推广阿米巴经营这个根本目的双方是一致的，双方应该"和"，就是团结一致把这项重大工作做得更好……

2015 年元旦

接着，我和过副总经理又各写了一封致稻盛的信，都没有回音。不过我当时的心情很平静。我把自己了解的真实情况和自己思考的真实意见，向稻盛塾长和盘托出，是我的责任和义务。我把自己该讲的都讲完了，这就行了。我还是做我该做的事。好在我要做的事很多，总是做不完。

但是，即使在这种情况下，我的信念也从未有过丝毫的动摇，我坚信：只要稻盛塾长了解和理解了事情的真相，他一定会做出正确的判断。

同时，我快刀斩乱麻，立即宣布退出上海阿米巴公司，卸去副董事长职务，股份马上清算，我果断地结束了与京瓷阿米巴公司的合作。

过副总经理离开后，上海阿米巴公司业务大幅下降，不过 S 君对这样的后果毫不在乎，不屑一顾，他只在乎维护他个人的权力和表面的威信，至于上海阿米巴公司是亏损还是盈利，对他并不重要。

日方现任总经理说，过副总经理在时，他不是营业担当却争取来客户，从定价到回款，全力以赴，好像过副总经理做这些事情，中国人做这些事情理所当然。现在才晓得过副总经理可贵，再也找不到这样的人了。自己很尊敬过副总经理，感到很惋惜。

20

勃然大怒

时间过得很快，转眼就到了 2015 年的 10 月 18 日，距离我们退出上海阿米巴公司半年以后吧。我给稻盛的秘书室室长（当时已当上京瓷某部本部长）写了一封邮件，同时抄送给日本盛和塾事务局有关干部。此信主要是想让稻盛看的。内容如下。

前天，有一位京瓷阿米巴公司原重要干部来找我。他告诉我，S 君退休，当了京瓷阿米巴公司的最高顾问以后，自己成立了一家私人公司，与京瓷阿米巴公司签订了一份内部合同，合同规定，京瓷阿米巴公司每月付他顾问费 250 万日元，讲演费 100 万日元。他出版的那本书《全员赚钱的组织》，由京瓷阿米巴公司的干部帮助整理资料，但版税收入却由 S 君一人独得。京瓷阿米巴公司采购了 10 000 册，卖了 5000 册，这 10 000 册的版税也落入 S 君腰包，但库存由京瓷阿米巴公司负担。这位干部说："S 君私欲太重、胃口太大，未免太过分了，与京瓷文化不相容。"

不过我想：给有功劳的人金钱，给有人格的人权力，这是不是稻盛的方针呢？ S 君退休了，没权力了，是不是用这种方式给他酬劳呢？

秘书室室长立即回我邮件说："S 君这事让我吃了一惊。

有关事实需要调查。不过他已是相当有钱的资产家了，他为什么还那么想要钱呢。他是我们重建日航的战友，他是京瓷公司的老前辈，也是稻盛名誉会长最信任的人。他为什么这么做，真的让人难以理解。"

这位室长难以理解，但就我而言，我一点也没感到奇怪。因为我认为 S 君居功骄傲，在他做事的风格和手段中，一点也看不出有任何利他哲学的影子。他同我们的争论，表面上是他在为京瓷阿米巴公司争利益，是本位主义。但本位主义的本质是利己主义，有时甚至是极端利己主义。他退休后同京瓷阿米巴公司订立秘密合同，不过是他利己本质的暴露而已。这是必然的。

后来我才知道，S 君之所以敢于这么做，是因为钻了一个空子。他知道，京瓷每年审计，只审到子公司一级，而京瓷阿米巴公司是京瓷的孙公司，京瓷审计审不到它。而京瓷阿米巴公司及其上级公司都是 S 君的"独立王国"，他有恃无恐。

然而，该室长却没有将我这封邮件及时向稻盛汇报。他担心稻盛过分信任 S 君，汇报此事可能引起稻盛不快。但因为我同时抄送给日本盛和塾事务局负责人，他们调查的结果，证明我的邮件内容真实不虚。趁一次汇报盛和塾工作时，把我的邮件读给稻盛听了。

稻盛听罢勃然大怒（京瓷干部语），拍案而起，把秘书室室长叫进办公室，严厉斥责他为什么报喜不报忧，隐瞒我汇报的重大信息？接着京瓷迅速组织调查组。结果不仅从此断绝了S君与京瓷的关系，而且把S君的"独立王国"——京瓷阿米巴公司的社长，以及其上级单位的会长、社长一并解雇。此举是京瓷成立56年来从未有过的冲击性的事件。后来，连京瓷阿米巴公司也取消了，变成了其上级单位的一个部门。

不久后，这位室长被任命为上级单位的会长，上海阿米巴公司也归他管了。他亲自率队访问我，征求我对上海阿米巴公司今后工作的意见。我坦诚地谈了我的看法。

我说："即使没有我们与S君争吵的事，这项事业仍然是困难的。首先，在S君直接培育和领导下的上海阿米巴公司的日本顾问，他们自己有无哲学、有多少哲学就是个疑问。同时，语言障碍超出想象。就是说，即使他们拥有哲学，要想通过翻译，将这种哲学向中国企业渗透，要让中国的经营者和干部员工共有这种哲学，仍然是极其困难的。这里的所谓哲学共有，就是不做假账，不搞本位主义和形式主义，不设定低目标等。而没有这些起码的哲学共有，阿米巴经营的落地很难成功。

"阿米巴经营本身其实并没有那么难。在中国的盛和塾内，已经有两家帮助企业导入阿米巴经营的专业公司。他们自己带头实践哲学，依靠哲学，与企业建立信任关系，为越来越多的企业，包括上市企业，实现高收益做出了显著的贡献，积累了丰富的经验，这是十分可喜的。

"从 S 君的这件事中，我认识到，人和事的真相的暴露往往有一个过程，人们对这种真相的认识也有一个过程。但是，我相信稻盛塾长、相信稻盛哲学的信念，始终如一，毫无动摇。最后稻盛'挥泪斩马谡'般的果断行动，再一次验证了我的信念。

"不过，在这之前，除了忍耐和等待，我也别无他法。"

第二年，在稻盛和夫经营哲学（沈阳）报告会期间，我与稻盛谈到了 S 君的事。我说，S 君总讲日航的阿米巴是他搞的。稻盛听了很气愤："这是他的工作，这有什么可以炫耀的？"稻盛又说，"S 君变节了，没想到他这么大年纪，条件那么优裕，为什么还那么想要钱？"

2020 年 1 月 29 日，在稻盛塾长 88 岁生日前夕，在给稻盛的信中，我再次谈到了京瓷的"S 君现象"。

我说："S 君做了那么多不好的事情，他周围的干部都知道，但为什么没有人制止他，也没有人敢于向京瓷的现职领导、向稻盛报告呢？这层窗户纸，怎么要通过我这个外国人来捅破呢？京瓷哲学里有一条'直言相谏，真心相碰'。为什么这么重要的一条，在关键时刻就实践不了呢？稻盛塾长已经 88 岁了，这一辈子塾长该说的都说了，该做的都做了，人生的使命已经大幅超额完成了，生命随时终结都无所谓了。我也已经 74 岁了，我能够理解稻盛塾长此时的心境。但是，如果可能的话，通过'S 君现象'，稻盛塾长或京瓷公司，要是能将'直言相谏，真心相碰'这一条，仅仅这一条，进一步深化，做出榜样的话，那么，意义巨大而且深远——不仅对京瓷，而且对各类企业，乃至对各种组织。"

我曾经思考过这样的问题：如果稻盛不在了，再出现类似 S 君这样的人物，京瓷公司将会怎样呢？在《阿米巴经营》一书的推荐序中，我写了下面一段话。

不管确立了多么崇高的企业目的，不管构筑了多么正确的哲学，不管建立了多么健全的体制，也不管积累了多么丰厚的留存资金，但如果接任的领导者不以身作则，缺乏实践哲学、运行体制以及不达目的誓不罢休的、渗透到潜意识的强烈而持久的愿望和洞穿岩石般的坚忍不拔的意志，一切都无从谈起。

21

苦修苦行

2015 年 3 月的董事会，从下午两点开始到下午五点半结束，在京都盛和塾总部举行，接着是恳亲会，到八点半才结束，一共六个半小时。稻盛塾长始终兴致勃勃，非常开心。稻盛塾长气色很好。我问稻盛："为何额头发光？"他答："这是遗传。"

经稻盛本人同意，日本盛和塾决定，从 2016 年起，稻盛不再参与海外活动。但事出意外，在这次董事会上，稻盛突然提出要参加当年 9 月 3 日—4 日的稻盛和夫经营哲学（沈阳）报告会。这让我们非常振奋。

在会上，一位中方董事提出赴日游学团招生困难。稻盛说："这事好办，每年一到两次，我可以出面会见游学团，并回答大家的问题。"稻盛的主动提议，让我们喜出望外。

当年 6 月，我们招生，塾生踊跃报名，很快便组织起了一个 50 人的访日团。然而，当我先行到达京都时，日本盛和塾和京瓷秘书室派出三位干部到京都车站来接我，我刚下车，还未出站，就被他们请进了站内的一家咖啡馆，目的是让我取消这次游学活动。

原来，最近稻盛的秘书与稻盛在安排日程时提到了这次活动。稻盛说："不可能有这样的安排。"

　　日方干部认为，稻盛最近体力不佳，可能不想参加这次活动，所以建议取消。他们还告诉我，最近稻盛多次取消了事先安排的活动，包括京瓷内部重要的工厂访问。他们力劝我："多年以来，凡是你曹先生提出的要求，稻盛一概满足。但就这一次，请你一定取消吧。经济上有什么损失，可以提出来商量。"

　　他们花了整整三小时试图说服我。可我一直没有松口，既没有答应，也没有拒绝。这让他们十分失望。

　　其实，当时我想得非常简单。如果取消这次活动是因为稻盛体力不支，那就应该取消，我们承受一些损失也无所谓。但如果是因为稻盛忘记了此前的约定，提醒一下不就好了吗？如果提醒以后，他觉得体力实在不行，我就取消活动，并负责向大家解释。

　　当晚，我提笔给稻盛写了一封短信。日方将此信用传真发到稻盛家里。

　　稻盛塾长：

　　　　今年3月12日，在京都举行的北京公司董事会上，当汇报到组织游学团有困难时，稻盛塾长主动提出建议，一年可以安排一两次，游学团来日本时，您亲自出面会见并回答大家的问题。稻盛塾长自己提出这一意料之外的建议，我们非常高兴，十分感激，当时的场景历历在目。

此后，大约两个月前，北京公司与日本盛和塾事务局、京瓷秘书室携手制定了游学的具体日程，同时我们全力以赴动员和召集游学团成员。截至 6 月 12 日，包括各地盛和塾理事长在内，召集了 50 名塾生。机票也订了，旅馆也定了，7 月 1 日下午与塾长会面时要提的问题，我们也在认真准备。

然而，6 月 15 日我突然接到日本盛和塾事务局的电话，要求取消这次塾长会见，据说原因是：6 月 12 日，稻盛对秘书说"不可能有这样的安排"。为了说服我接受这一变动，我 16 日来京都时，池田副董事长等三人特地到京都车站的站台上接我，在车站内的咖啡馆内花了三小时，列举各种理由，劝我取消这次与稻盛的会见。首先说服我，然后由我说服大家。

但我认为，不妨换个角度思考，不必对这件事做过于复杂的推测和解释。因为，稻盛之所以说"不可能有这样的安排"，一定是因为他把 3 月 12 日自己的提议给忘了。所以，只要向稻盛本人再次确认一下不就行了吗？

如果稻盛的结论是"无论如何，这次的会见和回答问题不想进行了"，那么我们当然无条件接受，即使我不知道怎么向已经报名的 50 名塾生解释，我也会遵从塾长的指示。

我一直觉得，难得塾长自己主动提出这么好的建议，所以我们把实践哲学出色的中国企业家，推广哲学积极的理事长们聚集在一起，这样一定能同塾长展开前所未有的深入交流，向塾长提出各种有挑战性的、有趣的问题，塾长也一定会很高兴的。我就是这么想的。

塾长已经 83 岁了。那种忘我的不亚于任何人的努力，切切实实实践了一辈子。如今"想偷一点懒了"。我认为塾长这个想法很哲学，这是一种必要的平衡。

我也快 70 岁了。已过退休年龄 10 年。如果 14 年以前没有邂逅稻盛塾长，60 岁过后，我或许会与妻子周游世界，优哉游哉过日子。与塾长相识，从根本上改变了我的人生。我之所以能够活得更健康、更有意义、更幸福，真的应该感谢稻盛塾长，我内心充满这种感激之情。

我现在平均每天工作 15 小时，除日常工作之外，我去年一年翻译了稻盛六本著作，个人翻译费分文不取。还以自己是"文字工匠"而自鸣得意。而且我并不感到过分的疲劳。家人亲友都觉得不可思议。我为什么有这种状态，追根究底的话，我发自内心，非常非常喜欢稻盛先生和稻盛思想，仅此一点而已。

为了减轻塾长的负担，今后应该怎么做才好，我们会同池田等人认真商量，即使在塾长心情特别好的时候，在决定什么活动之前，我们会再三提醒塾长慎重再慎重，不要轻率承诺。但是，一旦承诺、一旦决定以后，没有特殊情况，还是以不轻易取消为好。

敬具　曹岫云

2015 年 6 月 18 日

稻盛见信后，立即打电话给参与 3 月董事会的日方干部，确认他当时有无这样的提议和承诺。在得到肯定的答复后，稻盛毫不犹豫地说，那当然应该履行承诺。

7 月 1 日下午，稻盛如约会见了我们，并认真回答了大家的问题。7 月 2 日，我在微信朋友圈中这样描绘：

昨天下午，在京瓷总部，83.5 岁的稻盛先生会见了中国盛和塾游学团 50 名企业家。稻盛先生忍着腰痛，花了整整一个半小时回答大家的问题，接着花费一个半小时参加恳亲会，与大家交谈合影。对高龄而身体欠佳的稻盛来说，这三小时，真是"苦修苦行"。而在场的全体中国盛和塾企业家，在感动之余，在稻盛身上看到了一个满怀大爱的、真正的领导者的风采。这珍贵的三小时，将铭刻在我们每个人的心中。中国企业家提什么问题，稻盛事先一无所知。问题都很现实，甚至尖锐。稻盛的回答直指本质，细致入微又充满智慧。

面对露骨的商业索贿，企业该如何应对？基本工资福利提高后，员工的冲劲干劲反而降低了，原因何在？从企业内部培养人才和从外部引进人才的矛盾如何化解？导入阿米巴经营与导入丰田精益管理能否融合？盛和塾如何发展？如何更好地开展活动？学习稻盛哲学与学习大乘佛教及中国传统文化的关系，以及二代接班等问题。稻盛基于良知且务实的回答，让参会者受益匪浅，十分感动。这真是一次宝贵而难得的机会。

"啐啄同时，教学相长"，这是当时我送给稻盛的书法条幅的两句话，雏鸡出壳时，雏鸡从内向外啄称为"啐"，母鸡从外向内啄就叫"啄"，比喻一个新生命的诞生过程。在塾长向塾生传授经营哲学的同时，稻盛哲学本身也发展了。这就是"教学相长"。

后来我才得知，稻盛当时患了严重的带状疱疹，但他只字未提。晚上恳亲会开始不久，日方助手劝他早点离开。他却说："中国这么多客人远道而来，大家那么热情，自己怎么好意思早退呢？"当活动临近结束，我扶着他进电梯时，他脚步有点飘，他苦笑着对我说，这是苦修苦行啊（日语：難業苦業）！后来，每当我想到当时那一幕，都禁不住感动落泪。稻盛塾长是在用他的生命实践他的哲学啊！

22

解散盛和塾

解散盛和塾一事，稻盛塾长其实是很纠结的，纠结了好几年。

鉴于日本某些组织在创始人过世后陷入混乱，早有盛和塾的理事提议，让盛和塾在稻盛这一代结束。稻盛也同意了。

2013 年 4 月 15 日，世界各地的盛和塾代表汇聚京都，参加年会。会议开始，就发了一个决议草案，内容是在适当时候解散盛和塾，并要求各地分塾借用的总部光盘等资料，到时全部归还京瓷，等等，列出好几条细则。我一看就很纳闷，觉得不对头，不能理解，内心无法接受。

日本塾生代表，以及美国、巴西等地来的代表们，虽然也感到突然，也觉得难以理解。但是，因为草案一开头，就表明已获得稻盛塾长同意，所以大家虽然不满，会场气氛有点沉闷，但都默认了，没有人提出异议。

在会议结束前五分钟，我举手发言，因为在整个会议期间，我一直埋头写发言稿，整理出了自己的意见。经主持人同意，我站起来讲话，对该决议草案提出异议。没想到，我简短的发言一结束，全场爆发出热烈掌声。坐在我身旁的美国塾生、兰花大王松井先生起身同我紧紧握手，夸我说出了大家的心声，对我表示由衷感谢。

我讲完后，稻盛塾长立即宣布休息，调整桌椅，准备恳亲会晚宴。恳亲会一开始，稻盛塾长发话说：既然对决议草案有不同意见，那就暂时搁置吧。这一搁置，就是五年。

我当时是这么说的："中国盛和塾正处于大发展阶段，今天突然听说盛和塾到某个时期全部要解散，着实吃了一惊。

"特别是塾长依旧健康，日航重建成功后，盛和塾正在加速发展，这时把解散盛和塾作为一个话题提出来，这事本身是不是太早太匆促了一点？

"我认为，这个问题应该放在世界这个广宽的视野内，从更长远的历史的角度来审视，需要在今后慎重研究讨论。

"当然，如果稻盛塾长不在了，现在这种由稻盛亲自主持的学习会自然不可能了，没有第二个稻盛和夫，具备稻盛般巨大人格魅力的人物不容易产生。但是，因此而把好不容易才组建的盛和塾一律全部解散，究竟有没有这种必要，这是一个很大的疑问。

"尤其在中国，'稻盛热'刚刚兴起。前天在北京召开了中国各地盛和塾负责人会议，讨论中国塾生发展到 10 000 人该怎么办？《活法》这本书在中国销量已超过 130 万册，要突破 1000 万册该如何做？大家进行了热烈的讨论，出了许多主意。

"上个月，我拜访了中国某企业家组织的负责人，这个组织汇聚了中国绝大部分著名的企业家。这位负责人对我说，论规模，现在中国已经有不少企业超过了日本京瓷，但经营者中可称为思想巨人的，这个世界上非稻盛和夫莫属……没有坚实思想基础的企业发展和经济发展，会产生许多问题。

……

"稻盛经营哲学超越国界，这已是客观事实。我认为，它必定会超越时代，不但现在，在今后漫长的历史中，稻盛经营哲学必将变得越来越重要，这也是毫无疑义的。……"

我在关键时刻认真唱反调。或许是我说得在理吧，全场掌声响起。稻盛塾长通情达理，当即叫停并搁置解散盛和塾的决议草案。此后五年，没人再提此事。

2018 年 10 月末，旧话重提。这次是稻盛塾长正式宣布解散盛和塾，还特地制作了视频。我当时在日本，第二天日本盛和塾事务局就打电话给我，要我立即去位于京瓷总部旁边的稻盛资料馆，七楼是事务局总部。

据说，在全世界盛和塾塾生中，我是第一个知道此事的。我一到，他们就给了我稻盛塾长解散盛和塾的视频光盘和日文文稿。我就在资料馆的电视机上观看了这个视频。

在这个视频中，稻盛塾长是在读事务局为他起草的文稿。等我看完后，他们还要求我暂时保密。但我当即打电话给北京公司的总经理，并指示去商标局登记"稻盛塾"的商标。"盛和塾"有商标注册，注册权归日本京瓷。而"稻盛"只是姓氏，无商标权。稻盛哲学，稻盛财团，再来一个稻盛塾，不是挺好的吗？

池田是日本盛和塾事务局资深干部，兼北京公司的副董事长，与我有深交，他也是除稻盛之外日方对我帮助最大的人。他告诉我，在决定解散盛和塾时，他曾问稻盛中国盛和塾怎么办？稻盛答道，连日本盛和塾都解散了，何况……但实际上，稻盛还说了一句"中国盛和塾也解散！"大概是怕过分刺激我吧，他就把"中国盛和塾也解散！"这一句省略了。谢谢池田的好心。但他其实有点低估了我的承受能力。知道这个消息以后，我虽然略感突然，但也并没特别惊讶。

我是北京公司的董事长，稻盛和夫是名誉董事长。另外还有三名董事会成员。作为董事长，我可以召集董事会召开临时紧急会议，稻盛和夫来不了北京，我们就赶到日本京瓷。

当时，日本盛和塾的负责人对我说，对于中国盛和塾是否解散的问题，你就不要再抱什么幻想了。稻盛塾长如今的状态是，他已经不愿意集中精力思考任何一个问题了。他这话的意思是，稻盛塾长心意已决，他已经油盐不进了，现在说什么都是白费了，已经进不了塾长的心里了。

每逢大事有静气。在关键时刻，我的脑子转得很快。我立即下笔，写了一篇短文，准备在董事会会议上当面向稻盛陈述。我把此文先发给池田，他一看就认为，此文可能进入稻盛心中。于是我俩商定了召开临时董事会会议的通知，并由他直接向稻盛报告。董事会会议于 2019 年 1 月 15 日在京瓷召开。

会议请池田主持。一开始我们放了一个精心准备的七分钟视频，展示中国盛和塾学习的场景。接着是池田代读我四分钟的日文发言稿。同时，书面的稿件放在稻盛面前。池田读完我的发言稿，让我惊喜的一幕出现了：

池田话音未落，塾长随声应道："好，很好！"他立即用红笔在我的书面稿件上写上 OK，并签上了他的大名。因为我就坐在狭长桌子的一边、塾长正对面，塾长这历史性的一笔，我看得一清二楚。不过，虽然我心中窃喜，脸上还是不露声色。

接着 30 分钟是北京公司总经理汇报过去一年中国盛和塾和北京公司的活动盛况。汇报结束，主持人池田把握节奏，立即请稻盛名誉董事长发表感想，做出指示。

稻盛短短几句话，让我们既高兴又感动。他说："北京公司真的做得很好。我还剩下一点寿命，所以有什么需要的话，有什么我能够协助的事情的话，我一定尽力帮助你们。"

接着副董事长韩老师提出在中国筹建稻盛资料馆的建议。稻盛说："这是一个很好的建议。日方甚至在资金上也可以援助。"

在谈到解散盛和塾时，稻盛这么说："当时我想，如果我不在了，有人利用盛和塾的名义胡作非为的话，问题就大了。所以我说这个名称就不要用了。或许会出现这样的人吧，但到时也是没办法的事。你们就用盛和塾这个名称干下去吧。"

作为盛和塾今后的发展方向，我又提出了要办"稻盛和夫商学院"的建议，这个建议我以前就提出过，一直在物色合作对象。稻盛说："好啊！这很好啊！"

我又说道："塾长，您已上了年纪，但是，稻盛经营哲学已经在这个世界上确立了。历史上，有各种各样的哲学，但没有经营哲学。而现代,像乔布斯这种世界级的经营者不乏其人,但既是企业家又是哲学家的人,却一个也没有。正因为如此,稻盛哲学太了不起了。"

接着稻盛塾长的话,再次让我产生醍醐灌顶的感觉。他说:"归根到底,关键是企业经营,经营方针,有没有扎根于'作为人,何谓正确'这个哲学之中。例如,像戈恩先生(当时刚出问题的日产汽车领导者)等许多人出了问题。他们在经营的技术手法上也许很高明,但是,决定事情结果的是:在其根底处,有没有作为活水源头的哲学在流淌。把经营哲学作为基础,让基础坚如磐石,在此基础之上,经营及经营的技术手法才能开花结果。否则,就没有真正意义上的经营。"

我认为,稻盛塾长语重心长,这话将永远指导我们北京公司,指导中国盛和塾。

此时,池田总结说:"那么,今后北京公司依然作为中国盛和塾的总部,统管各地的分塾,这样的形式是否可以?"稻盛说:"这样就好。"

最后,池田宣布讨论到此为止,然后再次请示稻盛塾长对中国盛和塾还有什么指示?稻盛最后表示:"没有了。一路以来，中国盛和塾做得非常好。我表示深深的谢意。与今天讨论的氛围一样，希望今后大家仍能互帮互助，把事业做下去。"

会议结束后，稻盛说，你们别走，今晚我请客。这是原来议程中没有的。我们喜出望外。晚宴中还有有趣的插曲，这里就割爱了。

稻盛解散了除中国盛和塾之外的全世界各国的盛和塾。稻盛担心有人利用盛和塾平台谋取私利，担心组织变质。为了不让稻盛塾长担心，中国盛和塾制定了16字方针。"动机良善，私心了无，公开透明，共同参与"。尽管如此，我认为，如果在中国盛和塾内出现了稻盛塾长所担心的状况，而且总部无力掌控，无力矫正的话，中国盛和塾到时也应该解散。

附件　我的四分钟发言稿

去年12月，新疆、贵阳、天津、石家庄四家新的盛和塾按预定的计划相继成立。年末年初，我到包括香港在内的12个地方盛和塾巡回演讲。虽然大家都知道了盛和塾要解散，但是，大家学习稻盛哲学的热情丝毫不减，许多体验分享让我非常感动。我对自己的讲演也越来越有自信。

中国的"稻盛热"经久不衰决非偶然。在中国，盛和塾之所以快速发展，除了我们共同的努力，除中国特别需要利他哲学之外，最主要的原因是稻盛哲学本身令人无法抗拒的魅力。

稻盛哲学的历史价值巨大而深远，难以估量。这个世界上有名的企业家不少，但却少有人谈哲学，更没有像稻盛先生这样的利他哲学。人类历史上有许多有名的哲学家，但当时没有企业，自然没有企业经营哲学。所以稻盛哲学在历史上是空前的，在世界上是唯一的。

稻盛哲学集人类智慧的大成。它不仅是经营者经营企业的哲学，而且是拯救人类的哲学。

而且，稻盛哲学的核心非常简单，它讲"作为人，何谓正确"，所以它超越国界，超越时代，当然也超越稻盛和夫个人，超越京瓷这个公司，超越日本这个国家。

"经营为什么需要哲学"，稻盛先生讲了一辈子，已经深入我们的血肉。

我们认为，学习、实践、传播稻盛利他哲学是中国企业迫切需要的东西。这已经成了我们的信念和使命。能够承担这项使命，我们觉得非常幸运，非常光荣。

稻盛先生已经87岁高龄，今后，由稻盛先生亲自主持、亲自指导的学习活动将会结束。这虽然遗憾，却是自然现象。

稻盛先生改变了我们的人生，稻盛先生是我们的恩师。我们遵照恩师的指示，今年年底以前解散盛和塾。

我们认为，没有稻盛第二，第二个塾长没有也不可能出现，与稻盛塾长水平接近的人也没有。

然而，即使没有塾长那样的水平，但是，组织大家在一起，继续交流学习和实践稻盛哲学的心得体会，不但是必要的，而且是可以做好的。只要有利他的精神就行。

所以，我们将遵循稻盛先生的指示，不再沿用"盛和塾"的名称，而改用其他名称，继续学习、实践、交流和传播稻盛哲学，帮助企业家提高心性、拓展经营，在追求企业员工物质和精神两方面幸福的同时，为人类社会的进步发展做出贡献。

以上的发言打动了稻盛塾长。本来我是打算不再延用"盛和塾"这一名称的，但出乎意料，稻盛塾长对我们的充分肯定，让"盛和塾"在中国竟然得以保留。

23

诀别

我与稻盛和夫最后一次会面，由日本盛和塾事务局安排。时间是在 2019 年 10 月 1 日，地点是稻盛和夫的办公室，见面时间约 45 分钟。目的是解决稻盛和夫在北京公司内所持有的股份问题。事前日本盛和塾事务局已起草好解决方案。

一踏入稻盛的办公室，我看到稻盛塾长身穿深蓝色的寺庙修行便服，坐在会议桌前抽烟。

会议开始，先由池田用非常清晰的语音朗读决议草案。读完后，稻盛塾长问道："怎么办啊？"

我回应说："解决这个问题不难，只是需要些时间，能不能推迟一年？"

稻盛塾长当即拿笔签字："一年延迟。"他不再询问旁人的意见，把我的要求变成了他的文字，黑字写在白纸上。见此情景，我不免吃惊，同时又非常感动：稻盛塾长对我真的是信任备至，仁至义尽啊！

当年年初 1 月 15 日见到稻盛时，他已经消瘦得厉害。那时我就意识到，以后见到塾长的机会越来越少了。所以这次会面，我做了几项准备。

第一项，赠送对联。

我写了一副对联，裱好以后装进镜框，赠给稻盛塾长。对联写的是：

　　燃一灯照隅是国宝

　　点万灯照世乃圣人

随后与塾长拍照留念。照片的背景正好是 10 年前，即 2009 年 6 月，我送他的八字对联："經營之聖　人生之師。"（经营之圣　人生之师）由中国企业文化研究会将其写成书法。这么多年一直挂在稻盛办公室正中央。

第二项，赠送《龟虽寿》书法。

我请山西塾生郭永强之兄挥毫，写下曹操的名作《龟虽寿》赠送塾长，并用日语详细解释。在"老骥伏枥，志在千里。烈士暮年，壮心不已"这四句后，我特别强调了"盈缩之期，不但在天，养怡之福，可得永年"这四句的含义。稻盛塾长听得很专注。我们也照例合影留念。

第三项，代赠皮像。代内蒙古塾生布拉格赠送稻盛皮像。并留影。

第四项，代赠虫草。代深圳塾生郭文英赠送虫草，并作说明。也留影。

第五项，赠送书籍。我送了一本《只要活着》(命あれば)。这是比稻盛还大 10 岁、当时已经 98 岁的比丘尼作家濑户内寂听的新作。她也是稻盛的朋友。我说，在健康长寿方面，您要向她学习啊！但稻盛读完此书的"前言"后，便把书还给了我。让我略感失望。

第六项，交流互动。我催他谈感想或者发指示。他只回答说："没有了。"我问他，是否参加今年 11 月 10 日的"京都奖"颁奖仪式？他回答："参加不参加都没关系了，因为已经把理事长的职位让给女儿了。"

会见的 40 多分钟，稻盛只说了上述几句话，几乎是我一个人在唱独角戏。听说，稻盛晚年一直沉默少语，或许是他觉得这辈子已经说够了，说得太多了。

然而，当我走到房门口，准备离开时，稻盛塾长突然大声而深情地说："曹先生，谢谢您！(曹さん、有難うございました。)"我突然心中一热，但强行忍住了，没有让眼泪流下来。稻盛深知，我今天所做的一切，都是为了他好。

然而，当时的我怎么也想不到，这竟是我俩的诀别。

24

独特的生死观

在稻盛和夫的晚年，我特意送他书法《龟虽寿》。当时我已察觉到，稻盛已经过了那个"烈士暮年，壮心不已"的时期。因而我强调的是"养怡之福，可得永年"。就是说，劝他好好养生。

不少人，包括稻盛本人，都曾说我是最理解稻盛思想的人。但当时，我并没有读懂这时候稻盛内心的真实想法。实际上，稻盛已经超越了"养怡之福，可得永年"的阶段。他觉得自己已经活够了。这是我后来才意识到的。

大约从 2017 年开始，稻盛明显消瘦了。据说，盛和塾理事稻田先生，已经好久没有见到稻盛塾长了，突然见到急剧消瘦的塾长，万分诧愕，回家后大哭一场。

2017 年 2 月 25 日，我在微信朋友圈写了如下一段逸话。

稻盛先生半年多来健康状况下降许多。主要原因，我觉得是他不太适应退休生活。一辈子高度忙碌，一下子清闲了；从企业大家庭回归小家庭，夫妇两个老人一起生活，他还没有适应过来。在这次董事会后的恳亲会上，针对稻盛不运动、少运动的问题，我对塾长这么说："身体不运动，就会弱化、僵化。头脑不运动，就会迟钝、痴呆。心灵不运动，就是说忘记了反省和感谢，人就会变得任性、固执，回归本能心。身体、头脑、心灵，这三者是连动的。'健全的精神寓于健康的肉体'，身体软弱下去，精神也会衰退。这些都是稻盛塾长您自己讲的话。适当的运动，非不能也，是不为也。您一定要把您的哲学运用到您的健康上去。稻盛塾长的健康长寿是最大的利他。不管怎么说，从散步做起，先运动起来吧！"

稻盛说："是！好的，我听明白了，我一定运动。"稻盛说这话时语气的诚恳，表情的谦卑，好像小学生做错事挨老师批评的那种神态，让我既感动又受用。

这时，稻盛把刚上桌的一块烤鱼，放到坐他身旁的我面前，叫我吃双份。是他吃不了呢，还是算奖励我呢？不知道。这时我反应特快，我说："我吃，因为我喜欢吃烤鱼。另外，我不怕不消化，因为我运动！"此话婉转批评稻盛不运动。周围懂日语的人都忍不住笑了。稻盛朝我来了一个半笑半羞的表情，一个丰富的、微妙的表情，可惜那瞬间来不及用摄像捕捉，也难以用语言描述。不过这个霎时的形象已深深刻入我的脑海：一个84岁老人委屈的、带点自责的、惟妙惟肖的、纯洁可爱的笑容——一道好美的风景线。

2017年6月30日，在一次塾长例会结束后的晚上，我将一封信当面交给稻盛塾长，并请他务必一读。

信的标题是《期待稻盛塾长新的讲话"我的健康论"》。

期待稻盛塾长新的讲话"我的健康论"

稻盛塾长，您好！

1. 稻盛塾长住院接受胆结石摘取手术 10 天后，乘八小时飞机赶到夏威夷，如期出席塾长例会。对于一位 83.7 岁的老人而言，这可以说是足够健康了。但是，同以前相比，这半年以来，塾长的体力明显衰退了，这也是事实，这是一个问题。

2. 那天在夏威夷同塾长共进早餐时，我对您说到了松下幸之助先生。同松下相比，稻盛塾长

（1）体质比松下强，强得多；

（2）精神，也就是哲学方面，也丝毫不亚于松下；

（3）时代的进步。塾长比松下年轻 38 岁。这 38 年中，仅就除切胆结石这一手术来说，从开大刀，到腹腔镜微创，到现在的无创，医学技术的进步巨大。

我的结论是：松下尚且活了 95 岁，稻盛塾长健康生活 95 岁、100 岁，此乃理所当然。这不仅是我们盛和塾10 000 名塾生的共同心愿，而且大自然本来就是这么安

排的。

但是，即使大自然如此恩赐，但首先，塾长您自己必须这么去想，必须相信这一点。在当今这个时代，活100岁已不算什么，百岁老人已不稀罕。所以稻盛塾长有关"人生80设计"的理论需要重新调整。"已经超过预定的80岁了，寿命够长了，即使现在死去也知足了"，这类想法必须摒弃。前几年与塾长对谈的濑户内寂听女士比您大10岁，92岁时切除恶性肿瘤，现在还活跃得很。如今日本的经营者、作家、宗教家、学者等，他们没有可与塾长相提并论的哲学，但其中超过80岁依然精神矍铄、活跃在各自舞台上的人物，不在少数。

3. 像第二电电、日航这样，连有名企业家都望而生畏的难题，塾长马到成功，轻易就解决了，干净利落。但是要注意工作节奏，不要过劳，要适当运动，要戒烟，这一类普通人都能做到的事，塾长反而未能做到。这该怎么解释呢？

4. 这次世界大会上塾长的讲话一如既往，非常精彩。说明塾长的思考力没有衰退。但正如塾长所说"健全的精神寓于健全的肉体"，如果体力继续弱化，可能会影响思维能力，这就有可能出现不良循环。所谓"君子善养千金之体"，说的是，维持健康，改善健康状况，需要付出努力，需要自觉地进行努力。

5. 塾长信仰佛教，从这个意义上讲，似乎生和死是一样的，自己不必执着于长寿，无论何时离世都没关系，对死没有恐惧，抱这种生死观当然无可厚非。但是，现在的问题是，不是为了长寿而长寿，在这个世界上，像塾长这样能够如此无私利他的人极为罕见。因此，可以说，稻盛和夫的健康长寿是时代的需要。不管怎样，首先要在这个现世好好活下去，以尽天寿。

6. 60年来，塾长持续不断付出不亚于任何人的努力。到了今天，想要"懒散一点、随意一点"，这是一种平衡，也是哲学。但随意懒散的方法，不是一直坐着不动，站、走、躺、散步等都可以，长时间保持一种姿势不好，工作也一样，例如北京公司开董事会，塾长连续四小时坐着一动不动，"有意注意"过了头，这个习惯要纠正。

7. 塾长说，自己已经没有一点烦恼，只觉得自己是世界上最幸福的人。这种好心情对健康有好影响。但是，身体健康除精神的一面之外，还有科学的一面，就是说，肉体的生命法则也不容忽视。控制工作节奏，避免长时间坐着开会，适当运动，节制抽烟，只要在这三点上加以注意，我坚信塾长一定能够恢复元气。其中，运动特

别重要。塾长原来运动神经发达，家旁又有森林，这样
的有利条件不加利用，白白浪费太可惜了。塾长一定要
多散散步，积极运动起来。

8. 2013 年 10 月 13 日在成都，在接受中央电视台采
访时，塾长谦虚地说，无论在科学技术方面、企业经营
方面，还是宗教修行等方面，自己都没有达到顶点。但
在我看来，科学家、企业家、哲学家、宗教家、慈善家、
教育家、利他主义者，综合起来，超过稻盛塾长的人，
历史上没有，当今世界上也没有。特别是稻盛哲学，它
是实践的哲学，是利他的哲学，这就超越了世界上很多
思辨性哲学。因此，把稻盛哲学称为拯救人类的哲学也
不过分。"心纯见真""纯粹的心灵可以看见事物的真相"，
能够把真理归结到这一点的哲学，是顶尖的哲学，是穷
极事物本质的最高层次的哲学。而塾长在年轻时，20 多
岁时已经领悟了这一点。依据这一真理，塾长一路走来，
走过自己的人生和经营之路，一直到今天，不仅获得了
事业上的巨大成功，而且把成功的经验升华到哲学的高
度，创造了普遍正确的原理原则。塾长的经营论、人生
论、科学技术论、宗教论，领导力论、幸福论等，不管
哪次讲演都是经典，不仅影响了 10 000 名盛和塾塾生，
而且影响了各界各行的人们，这种影响还将继续扩大并

深入。我认为，世界上并不存在比思想哲学更为强大的力量。

9. 2010 年 11 月 1 日，张瑞敏先生请教稻盛"养生之道"，塾长回答说"不养生就是养生"。这个回答很妙，很哲学。但从另一面看，这个回答还不完美。塾长哲学里有一条叫"要每天反省"。遵照这一条，反省这半年来身体弱化的教训，恢复健康，重振精气神，然后注入哲学的思考，说出一篇"稻盛和夫论健康"的道理，这是我的期盼。这不仅是将哲学运用于健康领域，也不仅是为了证明哲学也适用于健康，这本身也是一种重大的利他，哲学家的健康长寿，是证明自己哲学正确的有力证据。如果是 100 岁的稻盛还在倡导他的稻盛哲学，那么这种哲学恐怕会席卷全球。只要塾长真心想这么做，很容易就能做到。我深信这一点。

10. 请允许我送您三件礼物。

（1）时间管理用的定时器两个（像学校上课，间隔 45 分钟铃响）。无论在办公室还是在家里都务必请使用。长时间保持一种姿势是健康的大忌。

（2）美国人写的一本书《这书能让你戒烟》（*The Easy Way to Stop Smoking*，日文书名为禁煙セラピー）。封面上的广告称"读后绝对会戒"，有点神秘。如有兴趣，不妨一读。

（3）就是我写的这封信，如果信中的意见能供塾长参考，我将感到十分荣幸。

致礼！

曹岫云

稻盛塾长读了我的信以后，有什么反应呢？ 第二天我在微信朋友圈发了如下这么一段。

今天早晨七点与稻盛一起吃早饭。稻盛说："你的信我全部看了。你说的完全正确。你是我的老师。看来非运动运动不可了。"我说："先每天散步，哪怕走500米，不问结果，坚持三星期。从不散步到喜欢散步，需要一点点努力，不需要'不亚于任何人的努力'那种程度的努力，但还是要付出努力的。三星期后习惯了，由潜意识指挥，习惯就成自然了。"

稻盛面色不错，但元气不足，弱弱的，活动结束，显得十分疲惫。

我一共写给他10条。被他评价为"理路整然"并夹带感情。

稻盛睡眠很好，饮食正常，休息时间也多了，就是缺少运动。

我正不屈不挠说服他。日本盛和塾也总是给我创造机会。

2017 年 6 月 30 日

"理路整然"是稻盛对我这封信的评价,意思是逻辑严密,无懈可击。然而,从后来的情况看,稻盛并没有接受我的规劝。究其原因,在于他独特的生死观。

稻盛看破红尘,看淡生死。他相信人有肉体和灵魂。而所谓"死",不过是肉体消灭了,而灵魂朝另一个世界开始新的旅程。在他看来,人从生到死这期间,怎样把灵魂变得纯洁,这才是人生的终极目的。

稻盛 80 岁时,在一次谈话中说:"我甚至连到时候怎么死都已经决定好了。活着的时候我就好好活,一旦死期将临,我就开始断食。"他实践了这一条。

针对日本超高龄社会,老龄少子化的倾向,稻盛认为,这种"倒金字塔式"的人口结构,并不合理,不是大善。

自己该离世时,潇洒告别,含笑逝去,决不拖泥带水。

对稻盛这位哲人,祈愿他长寿的世俗的规劝,哪怕言之有理,逻辑严密,也很难说动他。这一点,后来我也意识到了。

25

最后的信

从前文各章中可以看出，通过书信和文章与稻盛和夫沟通，是我与稻盛和夫交往的一种重要方式。

2022 年 5 月 25 日，本来已经约定，我要到日本稻盛塾长家里，就有关著作权转移、设立浙江稻盛商道研究院以及他的股份退出等问题，当面向他汇报。

遗憾的是，由于疫情，当时无法出国。只能由我们北京公司的副董事长池田代表我去向塾长汇报。池田提出建议，由我写一封信，由他当面读给稻盛听。

我在给稻盛塾长的信中这样写道。

稻盛塾长，您好！

很长时间没有问候您了。年过 90 岁的哲学家塾长的健康长寿、幸福长寿是非常美好的事情。我认为，这本身就是哲学。在此，请允许我向您及您的家人表达感谢和尊敬。真的很感谢。

北京公司持有的塾长的二次著作权转让一事，京瓷提出了合理的方案，并给了北京公司适宜的关照，在此，我也表示感谢。在处理这次转让时，我心中的记忆复苏了。

2008 年金融危机爆发，我翻译了《拯救人类的哲学》。那是您与梅原猛先生的对谈集。当时，出版社问我，稻盛先生对经济危机是否有论述。我即刻答："有。"接着，我就翻译了您的六次讲演稿，并以《在萧条中飞跃的大智慧》为名出版发行。

以这两本书的出版为契机，邀请稻盛塾长到清华大学、北京大学讲演，现场火爆。北京大学讲演后当晚，您提议与我合办公司。我提出，公司以"稻盛和夫"命名，有利于稻盛哲学在中国的传播。这个建议获得了您的同意。

2010 年 3 月，"稻盛和夫（北京）管理顾问有限公司"应运而生。紧接着，"稻盛和夫经营哲学报告会"连续举办九届，您每次都亲临现场，发表主题讲演，现场气氛热烈。同时，中国中央电视台前后采访您达七次之多，这是史无前例的。这些活动都极大地推动了稻盛哲学在中国的普及和传播。

此后，我又编译了《六项精进》《心灵管理》等共八本书，同时翻译了《活法》《干法》等 18 本书，共计 26 本。据说销量已达 1400 万册。

2001 年 10 月 28 日，我在命运中与塾长相遇，由此改变了我人生、工作和经营的方向。究竟为什么极其普通平凡、德薄才疏的我，居然获得了圣人级别的良师？

真的太不可思议了。对于如此厚待我的老天，对于塾长，我实在找不到什么语言，可以表达我的感谢之情。

周围经常有这样的声音："你如此不遗余力，积极传播稻盛哲学，真的能够改变拜金主义、利己主义的风气吗？这不是向沙漠中洒水吗？这不是挑战风车的堂吉诃德吗？"

再进一步说，"缔造了京瓷、KDDI、挽救了日航，设立了京都奖、盛和塾，特别是创建了哲学的稻盛先生，那么拼命、那么成功的、伟大的稻盛先生本人，究竟在多大程度上改变了日本？在改变这个混乱的世界中，究竟起到了多大的作用？人类世界依靠稻盛哲学真的能够改变吗？"有人提出了这样的疑问。

我不是绝对的乐观主义者，特别是直面今天的社会环境、今天的世界现状，我很难乐观起来。但是，我也不是绝对的悲观主义者。为什么？这是因为稻盛利他哲学之卓越，已经在我自己的生活、工作、经营中得到了充分的证明。

不限于我个人，在许许多多中国盛和塾的经营者的实践中，也完美地证实了这一哲学的正确有效。目睹很多生动的实例，我禁不住感动感激，自信、自豪之情油然而生。

在这个世界上，比思想哲学更伟大的力量，并不存在。既然我切身感受到了这一点，在自己的人生中证明了这一点，并在理性和良知的层面上高度认同了这一点。这自然就成了我的信念，我将一以贯之，努力到底。只要将正确的事情正确地贯彻到底，这就行了。这就是我的信念，执着的信念。

我认为，既然真善美是人的本质，那么，稻盛利他哲学，这一真善美的哲学，也就是"把作为人应该做的正确的事情以正确的方式贯彻到底"这一判断和行动的基准，就有希望成为人类可以共有的唯一无二的基准。反过来说，至今为止的利己的文明，不能为基于利他哲学的利他的文明所替代，人类将没有未来。

我的梦想是在中国创建"稻盛大学"。据说，美国哈佛大学也是以哈佛牧师的名字命名的。我今年已经76岁，在我的有生之年，"稻盛大学"能不能建成，不知道。但是，作为第一步，我们同浙江工商大学一起，经过一年多坚忍不拔的努力，"浙江稻盛商道研究院"的设立已经进入了批准阶段。设立研究院，开发稻盛经营哲学的课程，首先在浙江工商大学试行，如果成功的话，再导入清华大学、北京大学等的商学院。

同时，我们正在准备设立"稻盛公益基金会"，目的是支持浙江稻盛商道研究院的运行，支持中国稻盛和夫资料馆的建立和运行。

为了保证中国盛和塾健康发展，我们在体制、哲学、领导者三个方面做出了努力……

我相信，只要体制、哲学、领导者三位一体，三者互相结合，高位平衡，稻盛哲学一定能够正确地传承和传播下去。

中文中有"长命百岁"这句话。最后，祈愿稻盛塾长健康幸福地长命百岁，并再次向塾长家人表示感谢。

曹岫云

据当时在场的某君告诉我，稻盛塾长始终闭眼侧耳，认真倾听池田读我的信。当时也在场的稻盛女儿，特别请池田传言，向我表示感谢。并要求把我的信留在他们家里。

当时稻盛思维清晰，精神尚好。

想不到，一个多月以后，他突发肠梗阻，在医院治愈后，食欲上不来，于 8 月 24 日在家中安然逝世。

26

我悼稻盛

2022 年 8 月 24 日，北京时间上午 7 点 25 分，稻盛和夫在自己家里逝世。虽说是 90 岁高龄，无病无痛，无疾而终，但我还是感到很突然。不过，我知道，对于生死，稻盛塾长特别洒脱。在身体健康的时候，他拼命工作，但在身体衰弱的时候，他对生毫不执着，对死毫无恐惧，他视死如归。

稻盛一辈子神采飞扬，霸气十足，他不愿意让自己陷入老丑、老害、老糊涂的境地。这几年来，他足不出户，他不愿意以衰弱的形象出现在公众甚至盛和塾的学生面前。

在数年前，他就彻底摆脱了在京瓷、KDDI 和日航的一切工作，卸去稻盛财团理事长的职务，不再出席"京都奖"颁奖仪式，解散日本等地的盛和塾，把著作权转让给京瓷等。他有条不紊，早就为自己的离世做好了充分准备。

他离世后，为了不惊动社会，不打扰邻居，家人依据他的嘱托，将他的遗体送往他生前修行过的圆福寺。守灵和葬礼极为简朴，参加者只有他的直系亲属，包括鹿儿岛的弟妹等 10 余人，京瓷的会长社长、KDDI 的会长社长、日航的会长社长各两人，京瓷创业元老两人，稻盛财团负责人一人，敬爱公司社长一人，总共 20 多人。没有惊动日本的政界、商界，没有惊动鹿儿岛大学、京都大学、立命馆大学等的任何一位亲朋好友。24 日离世，29 日葬礼结束，30 日下午才对外公布去世这一消息，家族婉拒一切献花、献物乃至唁电。

2022 年 12 月 27 日，我专程赴日本京都，参加 28 日在京都国际会馆举办的稻盛和夫送别会。鲜花丛中摆放着一张稻盛开怀大笑的照片。送别会没有任何仪式，每个人只是默默献上一枝鲜花。现场气氛肃穆，但无一丝哀伤。稻盛塾长早已参透生死，他不会为亲友的离世而过度伤悲，自然也不希望别人为他的逝世而悲伤。

他对自己的人生非常满足，感觉非常幸福，做了许多人几辈子都做不完的事。他没有任何遗愿，更无任何遗憾。

稻盛和夫的逝去，引发了日本社会新一波"稻盛热"。稻盛逝世后一个多月里，许多媒体都在持续追思他，《日本经济新闻》称他为圣人，连载他的"经营十二条"。他的故乡鹿儿岛追思他的活动持续了一年多。据说这种现象是日本历史上从来没有过的。

有些伟人、名人、有权有势之人，死后葬礼极尽豪华。但结束也就结束了。但稻盛不一样，他不仅是科学家、企业家，还是哲学家，而且不是一般的哲学家，而是至死利他的哲学家，在对死的态度上亦利他，可谓彻底。他的存在感，他的气场，即使死后也未曾消散。因为他没有私心，这是许多人身上缺乏的品质。

虽然稻盛和夫已经驾鹤西去。但是我却有一种感觉，我觉得我天天与稻盛塾长在一起，从没分开过。这是为什么呢?

我想，这是因为在生活、工作和经营中，总会碰到各种各样的事情，需要自己判断。为了做出正确的判断，就需要稻盛塾长教给我的"作为人，何谓正确"的判断基准。稻盛塾长今天依然，而且将永远活在我的心中，栩栩如生。

纯粹的理想主义和彻底的现实主义优美结合的典范——我心中永远的稻盛和夫。

这本书，很早以前我就动笔了。但把它写完，并准备出版，却是最近才决定的。

当我把本书初稿中的部分内容传给宋志平先生，请他指教时，他提出用四个字"心纯见真"冠名。我觉得，这是画龙点睛。

可以说，"心纯见真"就是稻盛创建他的哲学体系的出发点和归结点。

科学家、企业家、哲学家、宗教家，这四个家在稻盛先生身上是如何统一和融合的呢？2013年10月13日在成都，通过中央电视台某栏目主持人，我向稻盛先生提出了这个问题。

稻盛先生的回答简明而又深刻："或许我还没有达到统一

融合的境界。我学习哲学，学了一点宗教，作为研究者研究新型陶瓷，作为技术者开发新技术，作为经营者从事企业经营，所有这些，可以集中到如下一点：我年轻时，在搞研究做实验的时候，为了看破实验现象中包含的真理，必须把自己的心放空，让自己的心灵处于纯净的状态，否则实验中的现象就不肯告诉我真理。以这样的经验为基础，我开始建立自己的哲学。我认为，作为研究者、作为技术者、作为经营者追求真理，同追求哲学的真理，同通过宗教修行追求真理，没有任何区别，都可以汇集到这相同的一点。

"说这些，似乎我很了不起，其实不管在哪个领域，我都没有达至顶点，但是我意识到了，一切事物都可以归结到一点，即心纯见真。这是根本性的真理。"

"心纯见真"也贯穿在稻盛和夫与我交往的全过程中，体现在我们交往的每一件事情上。

从认识稻盛和夫第一天开始，到接近他生命的最后时刻，我一直保持与他的联系，时刻关注着他。

作为稻盛创办的"盛和塾"的塾生，作为他亲自提议成立的"稻盛和夫（北京）管理顾问有限公司"的董事长，我是与他交流最为频繁的人之一。

同时，因为我经常向他提些别人不提的问题，他觉得，我是与他思想交流最深入的人，最理解他哲学的人。

因为心纯见真吧，在见到稻盛的第一天，我就看见了他和他的哲学的价值，并一路追随他，23 年如一日。

有人称宋志平是中国的稻盛和夫，因为同稻盛一样，他也打造了两家世界 500 强企业。

我想，宋志平先生与稻盛和夫先生至少还有一个共同点：心灵比较纯粹，并在工作和事业经营中不断纯化自己的心灵。

我一辈子居然能够结识稻盛和夫和宋志平这两位了不起的人物，并能够与他们真诚交流，真是三生有幸。

是苍天恩赐呢？还是祖宗积德呢？还是前世缘分呢？我说不清，道不明，唯有发自内心深处的无尽的感谢。

中国上市公司协会会长宋志平先生、浙江工商大学稻盛商学院联合院长赵君豪先生、湖南大三湘茶油有限公司董事长周新平先生，对本书的内容都提出了中肯的修改意见，在此表示衷心的感谢。同时，对人民邮电出版社缪永合先生及编辑们的支持和辛勤工作也表示衷心的感谢。